DERRIBADO, PERO NO DESTRUIDO

MATTHEW HAGEE

CASA
CREACIÓN
A STRANG COMPANY

La mayoría de los productos de Casa Creación están disponibles a un precio con descuento en cantidades de mayoreo para promociones de ventas, ofertas especiales, levantar fondos y atender necesidades educativas. Para más información, escriba a Casa Creación, 600 Rinehart Road, Lake Mary, Florida, 32746; o llame al teléfono (407) 333-7117 en Estados Unidos.

Derribado, pero no destruido por Matthew Hagee
Publicado por Casa Creación
Una compañía de Strang Communications
600 Rinehart Road
Lake Mary, Florida 32746
www.casacreacion.com

A menos que se exprese lo contrario, todas las citas de la Escritura están tomadas de la Santa Biblia Reina Valera Revisión 1960 © Sociedades Bíblicas Unidas, 1960. Usada con permiso.

Traducido y editado por Grupo Nivel Uno, Inc.
Director de Diseño: Bill Johnson
Diseño de portada: Bill Johnson

Library of Congress Control Number: 2009942459
ISBN: 978-1-59979-562-1

Impreso en los Estados Unidos de América
10 11 12 13 14 * 7 6 5 4 3 2

*A mi padre, mentor, héroe y pastor:
Gracias, desde lo profundo de mi corazón,
por todo lo que has hecho por mí. Eres más
que un ejemplo para millones de personas.
Eres el hombre de Dios que yo también
aspiro ser.*

*A mi esposa e hijos: No hay palabras que
puedan expresar el amor que siento por
cada uno de ustedes.*

A mi iglesia: ¡Lo mejor está por venir!

Índice

Prefacio

EL LIDERAZGO SURGE a partir del mentor que uno tenga. El secreto del éxito de Josué fue que tuvo a Moisés. El de Eliseo, que tuvo un Elías. Y el del joven Timoteo, que tuvo al apóstol Pablo.

Matthew Hagee es el primero en reconocer que con él se cumple aquello de que "De tal palo tal astilla". Durante décadas, el pastor John Hagee ha estado escribiendo éxitos de ventas en las librerías, bendiciendo a millones de personas con su potente predicación. Pero ahora ha llegado el momento en que Matthew sale de las sombras y comparte con los demás lo maravilloso de todo lo que Dios le ha enseñado y dado.

Derribado, pero no destruido es un libro asombroso que nos presenta el desafío de creer que con Dios de nuestro lado no tenemos límite, sino solo posibilidades. Este libro le enseñará a esperar lo mejor que surge de lo peor, y no lo peor que pueda surgir de lo mejor. Dios forja poder en nuestras vidas a través de las presiones en aquellos lugares más difíciles. Es en esos momentos en que nuestra fe tal vez se derribe, pero no se destruye.

La gente exitosa casi siempre tiene más fracasos que los demás, pero no renuncia. El jugador de fútbol americano al que siempre derriban es, a menudo, el que más tiempo tiene la pelota ¡pero también es el que más yardas gana!

Después de años de buena amistad con Matthew he observado tres cualidades en él:

1. Honestidad y transparencia

2. Auténtica humildad

3. Absoluta integridad

Podríamos resumir el éxito o el fracaso en una sola palabra: carácter. Matthew tiene gran carácter. Es que el carácter de un hombre no es determinado por su talento o su riqueza, sino por lo que hace falta para desalentarlo. He observado a Matthew en los momentos difíciles, momentos de desaliento, y puedo decir que vive lo que dice en este libro y se ha ganado el derecho a decirlo.

A medida que lea las páginas de este libro, Dios irá forjando en usted una fe inquebrantable, un carácter que hará que pueda triunfar por sobre todos los obstáculos, para ganar en términos de vida.

—JENTEZEN FRANKLIN
PASTOR PRINCIPAL DE FREE CHAPEL
AUTOR DE *EL AYUNO*, ÉXITO DE VENTAS DEL *NEW YORK TIMES*

INTRODUCCIÓN

EL MUNDO YA ha estado en esta situación. Tal vez nosotros no hayamos estado en ella, pero el mundo sí. Dondequiera que miremos, sea en las noticias de la noche, en el periódico matutino o en una conversación informal con un amigo, parece que el mensaje es siempre el mismo: las cosas jamás han estado peor. Cuando más intentamos analizar y resolver las cuestiones del hoy, más nos parece que la suma de todas las cosas solo tiene como resultado desesperanza.

Aun así, antes de que sigamos adelante quisiera que sienta esperanza a partir de un dato: aunque no hayamos estado en una situación como esta, el mundo ya la conoce porque ha sucedido antes.

El mundo ha pasado por momentos difíciles en lo económico, lo político, lo físico y lo emocional en diversos aspectos y en cada una de las generaciones que nos precedieron. Ha habido épocas en que el espíritu humano parecía caer en lo más profundo pero, a pesar de la dificultad, nunca ha sido destruido. ¿Por qué? ¿Y cómo? ¿Qué habrán hecho nuestros predecesores? ¿Qué es lo que necesitamos recordar, utilizar, de aquello que hicieron ellos? ¿Qué ingrediente secreto usaron en la receta para el éxito y la supervivencia? Es un ingrediente que hoy necesitamos con desesperación.

Ante todo, nuestros patriarcas y ancestros jamás olvidaron de dónde venían. Sabían que eran criaturas, que por sí mismos no eran todopoderosos. Estaban dispuestos a aceptar la idea de que su existencia misma requería de la dependencia de un origen más grande que ellos, un orden estable, lo suficientemente firme y seguro como para ayudarles a pasar por los momentos más duros, dándoles esperanzas para que pudieran enfrentar el mañana.

Cuando surgió la oportunidad de escribir este libro, jamás habría imaginado que pasaría por un año que me demostraría en tantos aspectos lo que es realmente quedar derribado pero no destruido. Se aproximaba la fecha de la primera entrega para este trabajo y mi familia recibió la noticia de que a mi padre tendrían que realizarle una cirugía a corazón abierto con un bypass cuádruple, para evitar un infarto masivo. No hace falta decir que este tipo de noticias es el que nos sacude y hace que todo parezca derrumbarse.

Dios fue fiel en las siguientes seis semanas y mi padre se

recuperó, total y milagrosamente. El día en que regresó a su casa para comenzar con la rehabilitación, mi esposa Kendal y yo nos enteramos por el mismo cardiólogo que su madre, mi suegra, necesitaba de inmediato una cirugía para reemplazar una válvula de su corazón. Moriría si no se la operaba. Aunque apreciamos tanto a los profesionales médicos, a los doctores y las enfermeras, por estar allí en momentos de urgencias, realmente habríamos preferido no llegar al punto de que nuestra relación con ellos fuera casi de amistad.

Luego, el martes anterior al Día de Acción de Gracias, recibimos una llamada telefónica: a mi madre le habían diagnosticado cáncer de mamas y tendría que someterse a una cirugía invasiva para asegurar que se quitara todo rastro de la enfermedad de su cuerpo. Apenas habíamos salido de terapia intensiva y los quirófanos, por mi padre y mi suegra, descubrimos que tendríamos que seguir en vigilia. Dios fue fiel todos esos meses. Puedo informar con gran gozo que en este momento todos los miembros de mi familia están sanos y salvos, y con expectativas para el futuro.

En los últimos doce meses no solo he observado la crisis económica de una nación, del sistema político global y las crisis personales, emocionales y financieras de mucha gente maravillosa, *sino que también he estado allí.*

Y con toda confianza puedo decir lo que aprendí, y compartirlo hoy con usted: "Mayor es el que está en vosotros, que el que está en el mundo" (1 Juan 4:4).

No importa dónde esté usted, ni qué dificultad esté enfrentando, sepa que ha sido creado a imagen del todopoderoso Dios, que no cambia. El mundo que le rodea podrá estremecerse, pero no tiene por qué temer. Porque somos creados a imagen de un Dios magnificente y aunque nuestras vidas pasen por temporadas de temblores y sacudones, no hay motivo para que nada en ellas se destruya.

El primer capítulo del libro de los Hebreos señala enseguida una verdad muy importante: Dios creó al mundo a través de su Hijo unigénito, Jesucristo. Escuche cómo se describe a Cristo en las Escrituras: "…siendo el resplandor de su gloria, y la imagen misma de su sustancia, y quien sustenta todas las cosas con la palabra de su poder…" (Hebreos 1:3). Compare ahora esta descripción con el relato de nuestra creación en Génesis: "Hagamos al hombre a nuestra imagen" (Génesis 1:26). Hemos sido creados expresamente a imagen de Dios, con el resplandor de su gloria y su poder. No es poca cosa.

> No importa dónde esté, ni qué dificultad esté enfrentando, sepa que ha sido creado a imagen del todopoderoso Dios, que no cambia.

En las páginas que siguen verá lo que sucede cuando volvemos a ponernos en contacto con lo que Dios quiere que seamos, con lo que somos en realidad y no con lo que el mundo ha intentado hacer de nosotros, ni con lo que mandan que seamos las dificultades. Descubrirá que al reconectarse con Dios volverá a estar en contacto con su familia, su fe, su salud física, su esperanza para el futuro y con la persona que está destinada a ser.

No hay límite a la vida que se vive cuando uno echa raíces fuertes en el poder del Creador del cielo y la tierra. De hecho, uno entonces es capaz de estremecerse sin ser destruido, cuando todo a su alrededor se zarandea.

"Créelo, eres un verdadero hallazgo, eres gozo en el corazón de alguien. Eres una joya, única y sin precio. No importa cómo te sientas. Créelo, Dios no se dedica a crear basura.

HERBERT BARKS

1

RECONÉCTESE CON SU DISEÑO ORIGINAL

"No se preocupe. No somos cristianos."

Mi hermana Christina y yo nos llevamos menos de dieciocho meses. Debido a esa "cercanía" siempre tuvimos una relación muy íntima, en todas las etapas de la vida. Cuando Tina, como la llamé siempre, comenzó a asistir al jardín de infantes, me molestaba no poder ir con ella. Un año más tarde, en mi primer día de clases, me acompañó por el pasillo hasta mi salón, me presentó a la maestra y se encargó de informarles a todos que si yo la necesitaba, la encontrarían del otro lado del pasillo. Y así fue siempre, hasta el día en que nos graduamos de la universidad, en que subimos casi juntos a recibir nuestros diplomas, con apenas unos segundos de diferencia, mientras mi padre pronunciaba el discurso de graduación.

Recuerdo un día en que estábamos en el jardín de infantes. La Iglesia Cornerstone era muy joven aún y ese día en particular, hubo algo que estremeció a cada una de las personas relacionadas con ella. Fue por una llamada que recibieron mis padres una noche, muy tarde. Era para informar que la familia Medina iba viajando en auto a su casa cuando un conductor ebrio chocó de frente con ellos. Todos estaban en el hospital luchando por sus vidas.

Mamá y papá corrieron al hospital a ver qué podía hacerse por Richard, Helen y Meredith (la mayor de los hijos de los Medina, de la misma edad que Christina y yo). Al llegar a la sala de emergencias, el cirujano habló con ellos. No hizo falta que dijera mucho ya que su bata estaba manchada de sangre. Unos días más tarde, nuestra joven iglesia fue sede de tres de los funerales más difíciles para mi padre, aun con su ministerio de cincuenta años.

Tina y yo no fuimos. Teníamos cuatro y tres años y sencillamente, éramos demasiado pequeñitos como para entender qué había sucedido con nuestra compañerita de juegos, y por qué no podríamos volver a verla. El domingo siguiente a los funerales, mientras volvíamos a casa desde la iglesia, Christina comenzó a interrogar a papá acerca de dónde estaba su amiga Meredith Medina y cuándo volvería.

—Papi, ¿dónde está Meredith?

Ninguna de las lecciones y conferencias que mi padre había oído en el seminario, ni ninguno de los muchos cursos que había tomado para conseguir sus tres diplomas, enseñaban a hablar con un niño acerca de la muerte.

—Bueno, amorcito. Está en el cielo con Jesús —respondió.

—Papito, ¿cuándo volverá?

—Cariño, ella no va a volver.

Fue esa noticia lo que hizo que los ojos se le llenaran de lágrimas a Tina.

—Pero, ¿por qué? Yo quiero jugar con ella.

Papá siempre fue de los que van directo al grano.

—Amor, Meredith tuvo un accidente y murió, pero está con Jesús y, como somos cristianos y creemos en Él, volveremos a verla a ella y a sus padres cuando nos toque a nosotros irnos con Cristo.

Por mucho que se esforzara en decirlo de manera suave y dulce, parece que el mensaje no satisfizo a mi hermana. Con su mente de cuatro años, dejó de preocuparse por Meredith y comenzó a conciliarse con la idea de que algún día iría donde estaba ella debido a que era cristiana. En ese momento, la conversación se hizo un tanto más intensa.

—Pero papá, ¡yo no quiero ir al cielo con Jesús! Quiero quedarme aquí, contigo y con mamá.

Los domingos suelen ser días con desafíos para cualquier pastor. Aunque ese, fue uno imprevisto, casi imposible de resolver. Fue entonces que decidí que, a pesar de mis tres años, podría ayudar a papá. Me era obvio que mi hermana necesitaba que la reconfortaran en cuanto a su propia mortalidad, y que su miedo había despertado a causa de la noticia de que como somos cristianos, no siempre viviremos aquí en la tierra. Así que decidí que lo mejor sería decirle:

—No te preocupes, Tina. Nosotros no somos cristianos como papá. Somos mejicanos, como mamá, ¡y los mejicanos nunca mueren!

Tina dejó de llorar al instante, dejando de gimotear. Con voz tranquila y satisfecha, rodeó mi cuello con su bracito y me dijo: "Gracias", y seguimos camino a casa muy felices, sabiendo que estábamos a salvo por toda la eternidad.

El punto es que aun cuando la información que le di a mi hermana era completamente inexacta, como se lo dije con tanta confianza, y le dije precisamente lo que ella quería oír, quedó satisfecha y contenta.

Lo mismo puede decirse de quienes hoy buscan respuestas a sus vidas. No importa cuál sea la verdad, siempre y cuando pueda decirme lo que quiero oír, en el momento en que lo quiero oír, y de manera que me cause placer. Entonces, ¡todo estará bien! El problema es que cuando uno está dispuesto a aceptar la respuesta que quiere, en lugar de la verdad, solo estará postergando la realidad que prefiere ignorar. ¡Sería mucho mejor enfrentar la cuestión con toda franqueza y hacer el cambio que haya que hacer!

CONFRONTE A SU VERDADERO YO

¿Quién es usted? No hablo del usted que trabaja de nueve a cinco, ni del deportista radical de los fines de semana, o el graduado con honores del '96. Hablo de usted. Del "usted" de verdad. Mucha gente encuentra su identidad en el lugar equivocado y creo que hay una buena razón.

Vivimos en una cultura a la que le encantan las controversias. Vivimos para los prolongados debates públicos sobre lo que sea que hay bajo el sol. Si no lo cree, solo plántese con firmeza, no importa de qué lado sea en cualquier discusión, y encontrará que del otro lado hay alguien que se mantiene igual de firme y con la misma pasión.

La controversia es la que manda en las posiciones de audiencia de los noticieros nocturnos, es la que vende libros y entradas de cine. Es la que mantiene viva a la radio y hace que uno espíe los títulos "lujuriosos" de las revistas mientras hace la fila en la caja del supermercado. No hay un área de nuestras vidas que no esté inmersa en la controversia.

La controversia sobre la creación elimina nuestra identidad como criaturas de Dios, hechas maravillosamente a su gloriosa imagen.

Hay controversia política, controversia económica, controversia social, controversia religiosa, controversia educativa, gran controversia y pequeña controversia, por cosas realmente triviales. Sin embargo, la que más nos ha costado es la que se robó la identidad de una generación entera: *la controversia acerca de la creación*.

¿Quiere saber por qué tambaleamos como sociedad? La respuesta, simple, es que hemos olvidado quiénes somos, y para qué hemos sido diseñados, cuál es nuestro designio. Hemos perdido contacto con todo lo que nos mantenía arraigados, plantados con firmeza. Ya no tenemos esa sensación de certeza acerca de quiénes somos y por qué estamos aquí. Hemos levantado un debate controversial sobre el origen del mundo y sobre cómo comenzó la vida en el génesis de los tiempos. A expensas de nuestra confianza en nosotros mismos, hemos convertido la verdad en una discusión, en vez de aceptarla.

En cuanto al tema de la creación, el debate se ha esparcido como incendio, desde las aulas a los tribunales, del púlpito a la Oficina Oval, de ida y de vuelta. Ya hemos oído tantas cosas sobre este tema que muchos prefieren asumir la posición de: "¿Y a quién le importa de veras?" o "¿Qué diferencia hay?".

Aquí está la diferencia y el peligro de este debate, y la razón por la que debiera importarnos de veras. Lo que está en juego en esta controversia no es la opinión de los conservadores o de los liberales en cuanto a temas menores como los subsidios económicos o los programas financiados con nuestros impuestos. Aquí, no estamos trazando líneas entre los estados republicanos y los demócratas. La posición que adopte usted en cuanto a esta cuestión determina quién es usted y la manera en que se ve como persona.

La controversia de la creación nos ha costado muchísimo, quiera uno admitirlo o no. Hemos reducido los seis días más magníficentes del mundo a una discusión y nada más. El impacto es, claramente, innegable: se ha cambiado la perspectiva del mundo sobre la Grandeza que nos creó, sobre la Roca inconmovible que es modelo de lo que somos. La generación que olvida de dónde ha venido, no sabrá hacia dónde mirar cuando haya perdido el rumbo.

Si lee usted el relato de la creación, descubrirá que desde el primer capítulo de la Biblia, todo se centra en usted. El sol no es una bola de gas suspendida en el espacio. Está allí para que podamos tener luz durante el día. La luna es más que una pista de aterrizaje para naves espaciales. Dios la diseñó para que la veamos y cada noche sepamos cuánto nos ama. Es más, el autor del octavo salmo nota todas las maravillas que hay en el firmamento, y habla de ellas en relación consigo mismo: "¿Qué es el hombre, para que tengas de él memoria?" (Salmos 8:4). Es como si dijera: "Señor, ¿qué fue lo que hizo que pensaras tanto en mí como para esforzarte tanto, haciendo todo esto?".

Y no solo los cielos fueron creados para usted. La tierra nos fue regalada, para que andemos y vivamos en ella; y se nos dio agua, precioso recurso para todo ser viviente. Si reducimos al sol a la explicación científica de que es una bola de fuego cósmico, y consideramos a la Tierra un subproducto de algún Big Bang, entonces al despertar por las mañanas no tendremos razón ni motivación para decir *gracias* por la luz del sol, y olvidaremos dar al Todopoderoso el reconocimiento que tan ricamente merece, por todo lo que nos da en el transcurso de solo una semana.

Los cielos y la tierra no son lo único que aparece devaluado a causa de esta controversia. Usted y yo también sufrimos sus efectos. La controversia de la creación elimina nuestra identidad como criaturas de Dios, hechas maravillosamente a su gloriosa imagen. Ahora, somos nada más ni nada menos lo mismo que todas las otras *cosas* que ocupan su lugar en este planeta. Estamos aquí hoy, tal vez por azar, y quizá ya no estemos mañana.

¿CÓMO LLEGÓ USTED AQUÍ?

La creación es más que una controversia. Es el fundamento de su vida. Hemos sido creados a partir de algo. Cuando leemos el relato de la creación en Génesis, observamos un patrón: todo lo que Dios creó, desde los cuerpos celestes hasta el último detalle de la Tierra, fue convocado a partir de algo. Dios llamó a la luz a partir de las tinieblas. Llamó a la tierra a partir del agua. Llamó a los peces a partir del océano, a los animales a partir del polvo del suelo y a las plantas a partir de la tierra. Todas esas cosas tienen una relación de dependencia con su origen. Usted no puede escapar a esa verdad. Todo tiene un origen. Nada es independiente de por sí.

Por ejemplo, el pez depende del agua para sobrevivir. Las plantas tienen que permanecer en contacto con el suelo para poder crecer. Un animal creado y diseñado para vivir y respirar en la tierra se ahogará si lo obligamos a vivir bajo el agua, porque no fue creado para eso. ¿Por qué? Porque la tierra y el agua son el origen fundacional de los animales, las plantas y los peces.

La generación que olvida de dónde
ha venido, no sabrá hacia dónde mirar
cuando haya perdido el rumbo.

Querido lector, su origen no es otro que Dios. Hemos sido creados para permanecer en contacto con Él. Antes de terminar con su obra en Génesis, Dios creó algo diferente a todo lo que existía, algo superior a los animales, por debajo de los ángeles, un ser con capacidad para diseñar, construir, crear, subyugar y dominar. Es usted la obra maestra de Dios y Él no quiso usar cualquier material para crearle. Cuando lo hizo, Dios eligió lo mejor de todo. Para usted, el cielo, la tierra y el mar no eran orígenes adecuados. Así que cuando Dios eligió el origen de los seres humanos, *habló de sí mismo* y dijo: "Hagamos al hombre a nuestra imagen, conforme a nuestra semejanza" (Génesis 1:26), y el hombre entonces fue un ser vivo.

Usted no es un accidente. La materia prima para crear lo que es usted, es la sustancia misma del Todopoderoso por ello, usted al igual que todas las otras cosas creadas, no podrá sobrevivir o funcionar si se apartan de su origen fundacional.

Si uno saca al pez del agua o a la planta del suelo, ambos perderán su identidad. Dejarán de existir de la forma en que fueron creados. El pez tal vez se convierta en su cena y la planta en la ensalada. Pero ya no estarán creciendo ni produciendo.

Lo mismo vale para usted y para mí. Si nos sacan de nuestro origen, que es Dios Todopoderoso, dejamos de crecer y producir. Ah, claro que nos convertiremos en otra cosa. Pero habremos perdido nuestra verdadera identidad.

La solución yace en ignorar la controversia y reconectarnos con nuestro origen. Deje ya de verse como le ve el mundo y empiece a ver lo que ve Dios: Su gloria, exhibida. Niéguese a dejar que el debate y el palabrerío de quienes son inferiores le distraigan de la verdad: es usted la obra maestra, hecha a mano, del Dios todopoderoso.

Usted no es un accidente. La materia prima para crearlo es la sustancia misma del Todopoderoso, y por ello, usted al igual que todas las otras cosas creadas, no podrá sobrevivir ni funcionar si se apartan de su origen fundacional.

Lo que hay en Dios también puede encontrarse en usted, pero solo cuando esté conectado adecuadamente con su origen. Puesto que Dios es grande, también usted puede serlo. Dado que Dios es amor, amará usted al prójimo y se amará también como debe amarse. Puesto que Él es todopoderoso, puede usted vivir sin limitaciones. Dado que Dios es inconmovible, usted puede soportar las cosas más difíciles y no temer a la destrucción.

Recordar su origen será el primer gran paso para sobrevivir a los tiempos difíciles, ya que hacerlo responde a quién es usted, y le dirá todo lo que puede llegar a ser. No es lo que aparece en su *Currículum Vitae*. Tampoco es lo que proclaman los diplomas y las placas que ha colgado en la pared. ¡Es hijo o hija de Dios! Dios le creó para su gloria. ¡Ha nacido usted para ser grande!

"Todo logro requiere cuatro pasos: planificar con propósito, prepararse en oración, proceder positivamente y avanzar con persistencia." [1]

WILLIAM A. WARD

2

LAS PRIORIDADES LE LLEVARÁN ADONDE QUIERE LLEGAR

Poseerá cualquier cosa que busque

La historia cuenta que un hombre sufrió su primer gran fracaso en los negocios en 1831. Poco después, buscó ocupar una banca en la legislatura de su estado y fue derrotado en 1832. Intentó, sin éxito, abrir un nuevo negocio en 1833. Y en 1834, conoció a una joven de la que se enamoró, pero murió en 1835 antes de que pudieran casarse. Sufrió una crisis emocional en 1836. Volvió a ser derrotado en las elecciones legislativas en 1843, y nuevamente en 1848. Entonces intentó ganar una banca en el Senado en 1855, y perdió. Al año siguiente se presentó como candidato a vicepresidente de los Estados Unidos, y volvió a perder. En 1859 fue candidato a senador una vez más, pero de nuevo fue derrotado. Y finalmente, en 1860, el hombre que firmaba "A. Lincoln" fue elegido presidente, el decimosexto mandatario de los Estados Unidos. Persiguió su propósito hasta que lo logró.

La historia dice que la razón por la que había ese fuego en su alma, como para seguir adelante, incluso habiendo pasado por tantas derrotas consecutivas, fue por un viaje de negocios que hizo a la ciudad de Nueva Orleans. El joven Lincoln estaba parado en el muelle del puerto de esa localidad cuando vio un barco que descargaba esclavos que eran vendidos en subasta apenas bajaban de la nave. Vio niños que eran arrancados de los brazos de sus madres, separados mediante una boleta de venta como mercancía y propiedad de alguien, sin consideración alguna a su condición de humanos. Al ver aquello, con lágrimas en los ojos, Lincoln prometió que haría lo que fuera para que se acabara con el mal de la esclavitud en los Estados Unidos.

Por eso, con firme decisión y prioridades bien establecidas, buscó una y otra vez conseguir un puesto de influencia y de servicio público, para hacer lo que pudiera por lograr un cambio. Consiguió su objetivo a muy alto precio y les demostró a todos lo que le seguirían que uno puede poseer, y conseguir, lo que sea que se proponga. Una de las muchas lecciones que han aprendido los que estudiaron la vida de Abraham Lincoln es la del poder de las prioridades.

Las páginas de la historia, y también las de la Biblia, están llenas de ilustraciones que nos enseñan este principio. Algunas nos inspiran a seguir adelante mientras otras nos recuerdan que hemos de cuidarnos de lo que deseamos, porque ¡es probable que lo consigamos! Pero sin duda, las prioridades de cada generación han determinado no solo su calidad de vida sino la de quienes les sucedieron. En épocas de incertidumbre, cuando lo que uno pensaba que era firme y seguro comienza a tambalear y a caer, uno renuncia a aquello que no valora y aquello a lo que uno se aferra hará conocer al resto del mundo cuáles son sus verdaderas prioridades en la vida.

Es trágico que haya quienes demostraron que sus verdaderas prioridades no son tan desinteresadas como las del presidente Lincoln. La fe, la familia y la patria no describen exactamente lo que buscan muchos en nuestros días. Cuando el mundo empieza a tambalearse económicamente, muchos echan sus familias al viento, en busca del *todopoderoso dólar*. Cuando la nación enfrenta horas oscuras y necesita líderes dispuestos a tener audacia para asumir la responsabilidad de sus acciones, pareciera que las acusaciones políticas y el "juego de la culpa" se convierten en algo así como un arte, en lugar de que los líderes demuestren que asumen su responsabilidad y tienen la osadía que hace falta para que las cosas cambien de veras.

El problema radica en que cuando las prioridades están mal ordenadas, el precio que pagamos es la "calidad" de vida. Es la forma en que vivimos hoy. A causa de esa búsqueda egoísta, tenemos una tasa de divorcio en la que el cuarenta y uno por ciento de los primeros matrimonios, el sesenta por ciento de las segundas nupcias y el setenta y tres por ciento de los terceros casamientos se disuelven en los tribunales. Debido a nuestra búsqueda codiciosa, hoy tenemos una crisis económica global. Hemos educado a nuestros hijos diciéndoles que la responsabilidad y el trabajo no son para nada tan poderosos como los derechos adquiridos y, con ello, cosechamos lo que sembramos: una generación confundida por la ingratitud y la falta de respeto.

¡Es hora de reconectarnos con nuestro origen! Al reconectarse usted con su origen y vivir según su designio original, estará asumiendo la capacidad de establecer prioridades que le llevarán adonde quiere estar, y —lo más importante— allí donde Dios le ha llamado.

¿PASARON YA LOS BUENOS VIEJOS TIEMPOS?

He conversado con gente preciosa, como mi abuela, y otras personas mayores a las que amo, y les oigo hablar de "los buenos viejos tiempos". Por ejemplo, mi abuela me ha contado que en los Estados Unidos hubo una época en que "hasta los no creyentes, los que no iban a la iglesia, tenían moral". Decía: "Hijo, antes, hasta el malo era bueno".

Ahora parece que la conducta poco ética y la inmoralidad hacen estragos en casi todas las áreas de la vida. Y cuando miramos nuestra sociedad, vemos un tobogán de corrupción, en lugar de una clara línea que divide el bien del mal. La gente ha perdido la confianza en muchas de las autoridades establecidas, sean políticas, religiosas o educativas. Nos preguntamos si quedará algo bueno en el mundo, y de pronto, nos sorprende estar pensando: "¿Pasaron ya los buenos viejos tiempos?".

¿Qué es lo que ha sucedido? ¿Qué es lo que hizo que nuestra sociedad rodara cuesta abajo, a tal velocidad? Puedo decirle cuál es la razón: es que tenemos lo que estuvimos buscando, una sociedad sin Dios.

En esa época en que *hasta el malo era bueno*, todavía se reconocía un origen muy simple, pero profundo: todo niño en los Estados Unidos iba a la escuela y allí, sobre la pared del aula, estaban los Diez Mandamientos. Los reconocieran o no, la verdad que contienen esas diez líneas hacía una gran impresión en sus vidas.

La Biblia nos dice: "Mi palabra… no volverá a mí vacía" (Isaías 55:11). Cada vez que un niño o una niña veían los Diez Mandamientos en la pared de la escuela, los conceptos de honestidad, integridad, honor, amabilidad y confianza entraban en su subconsciente. El impacto de eso era profundo. En el fundamento de nuestro sistema educativo yacía el origen de la responsabilidad y la fuerza: Dios mismo.

Por desdicha, camuflada bajo el título de "libertad civil", una organización presentó una demanda judicial contra el sistema escolar por influenciar a los estudiantes con ideas tan negativas como "No matarás", "Honrarás a tu padre y a tu madre", "No mentirás ni robarás" y "No tendrás otros dioses delante de mí". Usaron palabras como *libertad* y *derechos* para atacar con todos sus recursos a Dios mismo, y con ello desconectaron a nuestro sistema educativo del origen de todo conocimiento.

Cuando eliminamos los Diez Mandamientos y la oración de las escuelas, declaramos que como nación nuestro deseo era educar a los hijos de espaldas a Dios. Ahora, dos generaciones más tarde, tomamos posesión de lo que perseguimos, y las consecuencias son trágicas. Nuestros líderes legislan como si Dios no existiera, porque fueron educados en un sistema que les enseñó a vivir de ese modo. Cuando uno gobierna con ese criterio, no solo corrompe a la nación, sino que además condena a la generación siguiente.

En las clases de ciencias les hemos enseñado a nuestros hijos que la vida no comienza en el vientre de la madre y que lo que crece allí durante los nueve meses de gestación no es un ser humano sino una bola de carne que puede quitarse para usarla con propósitos de investigación médica y científica. Es por eso que para nuestros líderes no es problema promulgar leyes que permitan el aborto financiado con fondos estatales. Es que cuando eran pequeños no se les enseñó que el ser humano había sido creado divinamente. Se les instruyó que es un animal más, entre tantos otros.

Hemos quitado el "No matarás" de las escuelas, y ahora los pasillos se llenan de estudiantes cuyos cuerpos han caído a plomo de bala.

Hemos sacado el concepto de "No cometerás adulterio" y ahora los profesores se involucran sexualmente con los estudiantes.

Hemos educado a toda una generación, desde el jardín de infantes hasta la universidad, sin que se permita siquiera el concepto de Dios en un capítulo de un libro. Y nos preguntamos por qué, como sociedad, tambaleamos. Para mejor o para peor, es verdad que poseemos aquello que buscamos.

¿POR DÓNDE EMPEZAR?

Entonces, ¿cómo corregimos eso? ¿Qué podemos hacer para revertir lo que se ha hecho y para ver si hay oportunidad de revivir los *buenos viejos tiempos* una vez más? Lo primero que tenemos que hacer es establecer prioridades que nos mantengan en la búsqueda de nuestro origen. Si lo que busca usted es una vida llena de paz, gozo y éxito, entonces su primera prioridad, por cierto, debiera ser buscar la fuente de la paz, el gozo y el éxito.

Pero hay ciertas cosas que, por lo general, tendrán que cambiar en nuestras vidas antes de que esto pueda convertirse en realidad. Tenemos que reconocer que Dios no está aquí para adaptarse a nuestras ajetreadas vidas, existiendo solo en el momento y el lugar en que nos convenga. ¿Recuerda el primer mandamiento? "No tendrás otros dioses delante de mí". Eso significa que para que el Rey de reyes pueda ser supremo en nuestras vidas, tendremos que destronar a nuestros propios deseos.

Conozco a muchas personas que sienten que la vida sería mucho más fácil si Dios pudiera actuar según sus itinerarios y propósitos, la verdad es totalmente opuesta a eso. Usted y yo estamos aquí para operar según los horarios y planes de Él, para su gloria y para ir tras su propósito. Sin duda, todas esas personas que no se destruyen, que son sólidas y se ven inconmovibles, tienen al menos una cosa en común: son personas que ponen a Dios primero en su lista de prioridades. No hay sustituto para ello.

Cuando Dios es lo primero en la vida en lugar de ser parte de ella nada más, uno puede dejar de tratar de meter a la fuerza las ilimitadas bendiciones suyas en nuestra limitada existencia. En el momento mismo en que hacemos de Dios nuestra prioridad por excelencia, obtenemos acceso a su abundancia en todas las áreas de la vida, ya que ahora Él es quien está al mando.

DISPUESTOS A CEDER EL CONTROL

¿Ha observado con qué tenacidad buscamos estar siempre al mando? Al ser humano le encanta el control. Vemos al mundo a través de la óptica de la dominación. Queremos controlarlo todo, incluso la naturaleza. Si una montaña nos cierra el paso, hacemos un túnel. Si hay que cruzar un río, se hace un dique y se construye un puente sobre el agua.

Si hasta intentamos controlar nuestras relaciones. Eso se

llama *manipulación*, y adopta diversas formas. Hay manipulación financiera, manipulación emocional, manipulación física y todas se resumen en una única palabra: control. No importa cuál sea el problema. Según el pensamiento humano mientras se pueda manipular, se puede resolver porque eso implica que uno puede controlarlo.

Si vamos a poner a Dios como prioridad suprema en nuestras vidas, tenemos que estar dispuestos a no estar al mando. No me malentienda: no es malo estar al mando si uno lo ve desde la perspectiva adecuada. Pero hay que reconocer dónde termina nuestro control y dónde comienza el de Dios.

Todo aquello sobre lo que alguna vez hemos tenido el control, nos ha sido dado por Dios para que lo administremos, no para que lo poseamos. ¡Observe la diferencia!

Es que nos gusta vernos en el rol del *propietario*. Desde el principio de la vida, tomamos posesión de todo aquello que nos venga a la mano.

Mi hijo de dos años está aprendiendo a hablar. Puedo entender algunas palabras, pero para otras necesito el don de la interpretación. Sin embargo, hay una que dice con toda claridad, y que se puede oír a un kilómetro de distancia: *mío*.

¿Por qué? Porque él, como todos nosotros, quiere estar al mando. En este momento de su vida uno podría decir que sus posesiones le poseen. Sabe cuál es la frazada que le pertenece, y haría lo que fuera para defenderla de todo invasor, familiar o foráneo.

Si su hermana intenta contaminar su frazada cubriendo con ella a alguna de sus muñecas cuando las pone a dormir, surge la declaración de guerra y se pueden oír los gritos en el silencio de nuestro tranquilo hogar: ¡MÍO! Perderá su alegría, abandonará cualquier juguete con que esté jugando en ese momento y ejercerá la fuerza que haga falta para reclamar lo que percibe que le pertenece.

La verdad es que esa manta, con la que es tan posesivo, no es suya en absoluto. Es mía. La compré yo y se la di. Es suya de hecho, para que la disfrute durante un tiempo. Pero es propiedad mía. Son muchas las personas que ven la vida de la misma manera. Nuestro empleo, nuestra casa, nuestro auto, nuestra familia, nuestra iglesia, nuestra ciudad, nuestra nación. Y nos sentimos propietarios de todo eso, porque queremos tener el control total. Esa realidad le asigna la condición de propietario a la persona equivocada. No somos nosotros los propietarios, sino nuestro Padre. Lo que tenemos, nos lo ha dado Él para que lo disfrutemos.

En verdad, cuando más intentamos estar al mando, más perdemos el control a todo nivel. La única forma de recuperar lo perdido es cumplir el rol que Dios designó para nosotros, y dejar de tratar de gobernar el universo y todas las galaxias que lo rodean. Quítese del camino de Dios y vuelva a ponerlo en el lugar que le corresponde: al mando. Entienda que nada tenemos a menos que Dios, propietario de todas las cosas, con el control de todo, nos permita tenerlo.

Dios puede permitir que administremos ciertas cosas durante un tiempo, pero en realidad, todo le pertenece a Él. Su trabajo, en el que pasa tantas horas a la semana, es el trabajo que Él le ha dado para que usted tenga recursos con que comprar lo que necesita. Por eso, cuando vaya a trabajar, no lo haga con la intención de agradar al jefe que está en la oficina principal. Vaya a trabajar todos los días con la disposición de mostrarle al Señor que aprecia el empleo que Él le ha permitido tener.

Su familia es una bendición divina. Tiene un papel real, por cierto, dentro de las paredes de su casa. Y para que las bendiciones de Dios estén en su vida tiene que estar dispuesto a vivir el propósito de Dios en el hogar. Recuerde: la familia no le pertenece a usted, sino a Él.

La iglesia a la que usted asiste, en realidad es la casa de Dios, el lugar donde habita el Espíritu de Él. Si intenta siquiera ponerse en el camino de Dios dentro de la estructura del santuario, solo estará invitando el juicio divino a su vida. La nación que usted llama suya, ha sido establecida por la gracia de Dios. No puede ignorar usted sus responsabilidades con la tierra en que habita. Si dijéramos que nuestros problemas nacionales no son conflictos personales de cada uno estaríamos ignorando los hechos, negando la realidad.

Que no queden dudas. Dios tiene un rol para cada uno, en cada aspecto de la vida. Cuando permitimos que las prioridades correctas establezcan cuál es el papel que tenemos en cada área, encontramos que la vida se llena de enorme influencia y poder. Pero por mucho poder e influencia que poseamos, siempre serviremos en calidad de *administradores*, no de *propietarios*.

Tendrá permitido administrar determinadas cosas durante toda su vida y otras solo por momentos. Pero no importa cuál sea el caso, no podrá perder de vista el hecho de que el origen de todo es Dios. El punto es: *Dios está en control*. Él tiene que ser su primera prioridad, porque es el propietario y nosotros solamente somos servidores.

¿Puede Dios confiarle las cosas de Él?

Cuando Dios es la prioridad en nuestras vidas y nuestro mayor deseo es hacer su voluntad, todos nuestros recursos están a disposición suya, porque entendemos que, de todos modos, todo le pertenece. En el momento en que Dios vea que puede confiarnos cosas, ¡de repente calificaremos para recibir más de lo que hayamos tenido antes!

¿Sabe qué es lo que hizo grande a Abraham? Su confianza en Dios. Incluso al punto de que cuando no tenía idea siquiera de lo que estaba haciendo Dios, seguía confiando en Él. Esa capacidad de Abraham para confiar en el Señor fue lo que hizo que le fuera posible llegar al punto de ofrecer a su hijo Isaac en sacrificio, cuando Dios se lo pidió. Abraham entendía que el hijo que Dios les había dado a él y a Sara, en realidad no les pertenecía.

Isaac había venido de parte de Dios y le pertenecía al Señor. Si el Señor requería que fuera sacrificado, entonces Abraham tenía la responsabilidad de cumplir con la tarea que se le daba. Como administrador, no siempre se le pedirá que haga tareas placenteras, pero su disposición y obediencia determinarán hasta qué punto puede Dios confiar en usted. En Génesis 22:12 el ángel del Señor le dijo a Abraham: "Ya conozco que temes a Dios, por cuanto no me rehusaste tu hijo, tu único".

¿Era Isaac precioso para Abraham? ¡Sin duda! Era tan amado que Abraham le llamó *hijo de la risa*. Sin embargo, aunque Isaac era tan amado, Abraham sabía que podía confiarle a Dios lo que más amaba. Fue ese tipo de confianza lo que posibilitó que Abraham recibiera bendiciones que para otros solo eran un sueño. Se le llamó *amigo de Dios* (Santiago 2:23). Fue bendecido en su vida al punto de que habría que contar las estrellas del cielo y los granos de arena de toda la tierra para calcular todo lo que recibió. Se le describe como un hombre muy rico en ganado, plata y oro. Abraham fue prosperado en su vida y la existencia de sus descendientes y herederos también fue prosperada, porque Dios podía confiar en él.

No importa cuánto poder e influencia tengamos, seguimos siendo siempre administradores y no *propietarios*.

Cuando nuestras prioridades se centran en nuestro origen y Dios puede confiarnos sus recursos, las prioridades que tenemos nos llevarán a donde queremos ir.

¿Y QUÉ HAY CON LOS DEMÁS?

La siguiente prioridad en su vida, después del Señor, debieran ser los demás, la gente que le rodea. En mi caso, la lista incluye, por orden: mi esposa e hijos, el resto de mi familia y mi iglesia. Una vez tomada la decisión de reconectarnos con Dios, lo siguiente que haremos es reconectarnos con el hogar.

El deseo de vivir para *nosotros mismos* es una epidemia que afecta a nuestra sociedad. Pareciera que la mentalidad que adoptamos es: si es para beneficio nuestro y para perjuicio de otro, que así sea. Lo que resulta horrendo con esta idea es que significa que *no hay relaciones seguras*.

Ha habido en estos años un notable aumento de gente desencantada con el matrimonio. Sin duda, la raíz del divorcio es el egoísmo. Pero consideremos las tendencias más recientes en nuestra sociedad: padres que lastiman y abusan de sus hijos, hijos arrestados por atrocidades que cometen contra los padres, hermanos aprisionados por asesinar a hermanos y hermanas, y todo con el solo propósito de conseguir lo que quieren en el momento en que lo quieren. Tal parece que no hay límite al egoísmo humano.

Las noticias vespertinas muestran una interminable serie de historias de madres, novios o parientes arrestados por alguna monstruosidad cometida contra un niño indefenso. ¿Por qué? Porque en nuestras vidas, los demás ya no ocupan un lugar prioritario. Hemos perdido el contacto con ellos. Hemos devaluado la vida al punto de que se considera que puede ser el precio a pagar por lo que más nos convenga.

Pero si quiere ser la persona influyente que Dios pensaba al crearlo, tendrá que darles a los demás su correcto lugar de prioridad. Podrá comenzar identificando las formas en que puede ser de bendición a otros. Poniendo sus necesidades antes que las propias, considerando que el éxito de ellos es motivo de gozo. Responda estas preguntas con toda franqueza: ¿Qué lugar ocupan en su vida los demás? ¿Está presente para servirles a ellos o son ellos los que están para servirle a usted? Jamás podrá conocer en verdad el poder que tiene una relación hasta tanto decida que *estará allí* con la otra persona, pase lo que pase.

Esta es una verdad en todos los niveles. Porque como sociedad, el mayor momento en la historia de una nación es aquel en que las personas deciden que primero está el otro. Sucede cuando uno está dispuesto a entregar la vida por otro, y ese otro está dispuesto a hacer lo mismo por nosotros. El sacrificio de lo propio es el adelanto, el precio del tipo de relaciones que tienen el poder de vencer hasta la situación más imposible. Las grandes iglesias están formadas por hombres y mujeres de Dios dispuestos a dar sus vidas por sus hermanos y hermanas en Cristo. Para que pueda tener éxito la próxima generación, quienes les preceden tienen que haberse sacrificado. Para que tenga éxito un matrimonio, el origen de tal logro estará en que el esposo esté dispuesto a dar la vida por la esposa, y ella por él.

Si queremos establecer una prioridad que nos lleve adonde queremos llegar en el matrimonio, tenemos que empezar por vivir para el otro, en lugar de esperar que el otro viva por nosotros.

He conversado sobre esto con muchísimos matrimonios y en la mayoría de los casos, ambos reaccionan de inmediato diciendo: "¡Pero claro que mi prioridad es él [o ella]!". Entonces, cada uno comienza a enumerar todas las cosas que hace por el otro. Si es el marido, dirá que se levanta y va a trabajar cada día para proveer para la familia. Y si es la esposa, la lista incluirá todo lo que hace día a día para que *el rey* se sienta cómodo y a gusto en su castillo.

Pero la realidad es otra: la reacción inicial no está demostrando por qué el cónyuge es prioritario. La lista de cosas que mencionan es más que nada una justificación de por qué sienten que el otro no los aprecia. El marido quiere saber por qué ella no es más comprensiva cuando lo único que quiere él es relajarse y ver el partido por televisión. Después de todo, ha trabajado duro durante toda la semana, y para ella ¿verdad? La esposa, por otra parte, quiere saber por qué él no quiere ir a hacer las compras el sábado en vez de mirar el partido por televisión. Después de todo, ella ha estado ocupándose de la casa toda la semana y quiere pasar tiempo con él.

El tema es que priorizar a los demás tiene que ver con la *posición*, no con el esfuerzo. Por ejemplo, si la esposa empieza a reprocharle al esposo todo el tiempo que pasa fuera de casa y lejos de la familia a causa de su trabajo, lo que en realidad está diciendo es: "¿Qué te importa más? ¿Los niños y yo o tu empleo?" Ella quiere saber: "¿Qué lugar nos toca? ¿En qué puesto estamos en tu vida?".

Jamás podrá conocer en verdad el
poder que tiene una relación hasta tanto
decida que estará con la otra persona,
pase lo que pase.

No conozco mujer sobre la faz de la tierra que quiera oír esta respuesta de parte de su esposo: "Amor, tienes razón. He estado trabajando y ganando dinero para pagar las cuentas y comprar cosas buenas, pero me siento terriblemente culpable por todo el tiempo que paso lejos de ti, ¡así que renuncio! Venderemos la casa y los autos. Nos mudaremos con mi madre y dormiremos en el dormitorio que tiene libre. Jamás tendrás un nuevo vestido o un nuevo par de zapatos. Y no volveremos a salir de vacaciones. Los niños tendrán que salir a mendigar, pedir prestado y robar para poder ir a la universidad, pero mi amorcito... al menos estaremos juntos".

Las relaciones que pasan la prueba
del tiempo son las que requieren
autosacrificio.

No es esa la respuesta que ella está esperando. Si el tema era el tiempo, bastaría con que le respondiera eso. Pero no se trata de tiempo. No se trata de las horas de esfuerzo en la oficina, lejos de casa. Se trata del lugar. Cuando su esposa le dice que usted pasa demasiado tiempo en el trabajo, lo que en realidad está diciendo es: "El trabajo se ha convertido en tu prioridad y me pregunto en qué lugar estoy yo". No tiene que ver con la *cantidad* de tiempo, sino con la *calidad*.

¿Cuál será la solución entonces? Haga de su esposa su prioridad. Cuando vaya a trabajar, cada tanto haga algo especial y dígale que aunque no esté con ella, en su mente ella ocupa el primer lugar. Que piensa en ella todo el tiempo. Tome papel con membrete de su compañía y escríbale una carta de amor. Créame: será la mejor estampilla que haya comprado en su vida. Envíele un mensaje de correo electrónico, un mensaje de texto o un ramo de flores para que recuerde cuál es su lugar en las prioridades de su vida. Llámela antes de salir de la oficina para decirle que llegará enseguida, y pregúntele si hay algo que pueda hacer de camino a casa. Recuérdele que aunque no esté allí con ella, en su mente y su corazón ella ocupa el primer lugar.

Tal vez, al leer esto piense usted: "Claro, sí. ¿Sabes qué me dirían los chicos en la oficina si yo hiciera eso?". Mi respuesta es: Por lo que sé, usted ha decidido pasar el resto de su vida con su esposa y no con sus compañeros de oficina. Si amar a su esposa hace que se esfume su imagen de Rambo, la verdad que no era usted el tipo rudo que creía ser.

Las relaciones que pasan la prueba del tiempo son las que requieren autosacrificio. Y eso se aplica especialmente a su cónyuge. El mayor beneficio de anteponer las necesidades de su cónyuge a las suyas es que el otro hará lo mismo por usted. Cuando su esposo o su esposa son lo primero en su corazón y su mente, usted se convertirá en el número uno para el otro también.

¿Cuál es su lugar?

La última persona en la lista de prioridades debiera ser usted mismo. Cuando busque a Dios y se reconecte con Él como origen, Dios hará impacto en sus relaciones con los demás y les dará poder para cumplir con el propósito de Él para su vida. Cuando usted descubra quién es Dios y qué es lo que quiere para su vida, verá que la última persona con la que necesita reconectarse es usted.

Nunca es tarde para establecer un conjunto de prioridades que le permitan poseer las mejores cosas en la vida, por difíciles que sean sus circunstancias o su entorno. ¿Sabe que hay una diferencia entre lo que uno necesita y lo que desea? Lo que uno desea es aquello de lo que habla constantemente, pero jamás busca. Lo que uno necesita es algo que se busca hasta poseerlo.

Hay muchos que están dispuestos a desear lo mejor en la vida, pero son pocos los que están dispuestos a buscar lo mejor hasta poseerlo. Es hora de dejar de desear que las cosas cambien y de empezar a distinguirse. ¿Qué es lo que quiere usted de la vida? ¿Es la satisfacción, el disfrute del éxito o la posición que le da seguirles el ritmo a sus vecinos? ¿Está dispuesto a hacer lo que haga falta para tener lo mejor que Dios tiene que darles a su familia, a sus finanzas, a usted? Todo depende de lo que decida. Porque son sus prioridades las que marcarán el camino.

Las metas no son solo absolutamente
necesarias como motivación, sino
esenciales para mantenernos vivos de verdad.

Robert Schuller

TOME UNA DECISIÓN ¡Y SIGA POR ESE CAMINO!

La victoria o la muerte

Los Estados Unidos de Norteamérica nacieron gracias a un grupo de hombres que no tuvieron miedo de tomar una decisión. Es un hecho bien documentado desde el origen mismo de nuestra nación. Los juramentos y compromisos que hicieron los Padres Fundadores para que la tierra de la libertad fuese una realidad implicaron grandes riesgos y amenazas de pérdidas. Pero ellos estaban dispuestos a pagar el precio de lo que creían era la voluntad del Todopoderoso y el divino propósito para sus vidas.

Una de las decisiones que, de hecho, puede haber salvado a esta nación en uno de sus momentos más desesperados, fue la que tomó el mismo general George Washington la noche del 25 de diciembre de 1776. Bajo su mando, el ejército continental había sufrido una serie de derrotas y se había replegado en la orilla del lado de Pensilvania, del helado río Delaware. Allí acamparon los hombres, exhaustos, desmoralizados y sin saber qué les depararía el futuro.

El general Washington enfrentaba circunstancias desalentadoras. Ya no contaba con el apoyo popular a la Revolución y pronto vencerían los contratos entre sus soldados enlistados y el ejército. En ese momento, parece haber tomado una decisión que desafió toda lógica y razón, y que implicaba un uso extremo de sus muy limitados y ya casi agotados recursos.

En Europa, lo convencional era que las guerras se libraran en primavera, verano y otoño, en tanto se acampaba y descansaba durante el invierno. Los británicos habían derrotado al ejército continental en todas las batallas de ese

verano, y sentían que apenas llegaran los primeros calores la lucha habría acabado, con la
derrota para la Revolución. Fue eso justamente
lo que hizo que Washington decidiera actuar.

La noche del 25 de diciembre llamó a todos
sus oficiales a que se reunieran en su tienda para
compartir con ellos el plan de batalla. Sobre el
borde superior de la hoja de papel, y para que
todos los oficiales pudieran verlo, había escrito
"victoria o muerte". Esas tres palabras le infor-
maban a todos los que estaban bajo su mando
que Washington estaba decidido, resuelto aun
en medio del conflicto. Su mensaje era muy
claro. Esta decisiva acción tendría un resultado,
entre los únicos dos posibles. No había medias
tintas y para poder tener éxito cada uno de los
soldados debía comprometerse a llegar hasta
las últimas consecuencias.

Acabado el plan en detalle, todo se preparó
según lo acordado. Los soldados comenzaron
a marchar en la nieve, dirigiéndose hacia su
destino. Algunos iban descalzos, porque no
tenían zapatos. El río Delaware era corren-
toso y los bloques de hielo representaban
un peligro mayor. Esa marcha de casi quince
kilómetros hasta Trenton sería un desafío para
estos hombres cansados, hambrientos, debi-
litados. Pero en la noche de la Navidad de
1776, el general Washington tomó una decisión
y decidió actuar, a pesar de los riesgos.

El ataque sorpresa fue más que una victoria sobre las fuerzas a las que se enfrentaban, y que superaban en mucho al ejército de Washington. Fue una victoria emocional para los que pensaban que era imposible derrotar a los ingleses. Fue un anuncio al mundo que miraba desde el otro lado del Atlántico, en Europa, de que el ejército norteamericano era en realidad una fuerza que había que tomar en cuenta. Fue un anuncio a las otras trece colonias norteamericanas que pasaban por dificultades, de que no importa cuánto hubieran sufrido hasta entonces, podían seguir soñando con la libertad, porque el sueño seguía vivo. Nada de eso habría ocurrido si alguien no hubiese estado dispuesto a tomar la decisión.

Las decisiones que tomamos o nos negamos a tomar son las que dictan cómo viviremos. Muy a menudo, el miedo es la fuerza que determina nuestro camino. En este capítulo quiero que sea usted capaz de tomar sus decisiones desde una posición de confianza y certeza. Porque no fue creado para vivir con miedo. Nació para actuar. Para conseguir algo en la vida, hay que decidir que uno tendrá éxito y rechazar todas las demás opciones. Sus decisiones, tal vez, no produzcan siempre los resultados que desea, pero si resuelve seguir adelante en lugar de renuncia, toda decisión que tome será un peldaño más hacia éxitos futuros. Hay algo de lo que podemos estar seguros: el camino que lleva al fracaso es el de no hacer nada. De manera que hay que tomar una decisión y actuar.

Qué es lo que determina sus decisiones

Sus prioridades son las que determinarán las decisiones que tomará para sí, para su familia y para su futuro. Hasta ahora, mi propósito ha sido el de lograr que se vea usted como producto del genio creativo de Dios en exhibición, y como persona con un rol potente e influyente en las vidas de quienes le rodean. Antes de poder tomar cualquier decisión realmente importante, tendrá que establecer en su mente estas verdades. Para que vea cómo se conectan estos elementos, permítame mostrárselos en mayor detalle.

Si no se ve usted como creación divina de Dios, su perspectiva se centrará en la presunción de que la vida es más azar que decisión. No importa qué decida hacer, las cosas saldrán según el azar. Desde su perspectiva entonces, la vida será solo una serie de sucesos y se verá sin poder para hacer nada al respecto.

Esta visión ubica a la persona en el centro de su universo y hace que todos sus razonamientos comiencen y terminen únicamente en la forma en que les afectarán sus decisiones. Como quienes piensan de este modo siempre están a la expectativa de lo que su propia fuerza y recursos puedan lograr, porque en ello está su confianza y su fe, todo lo que hacen surge desde una posición de motivaciones egocéntricas. Si el mundo que rodea al egocéntrico pasa por un problema inesperado, tendrá que correr a buscar al culpable para poder salir ileso de tal situación. ¿Por qué? Porque quien se centra en sí mismo desconoce lo que es el sacrificio, y el autosacrificio es un requisito para sobrevivir cuando las circunstancias son difíciles. Si la fuerza que motiva sus decisiones no es otra que usted, y solamente usted, no pasará mucho tiempo hasta que su mundo se divida o descomponga en partes.

Si busca el éxito en la vida, no importa cuánto le cueste, tendrá que tomar decisiones que otros no están dispuestos a tomar, decisiones que a otras personas les dan miedo. Tendrá que seguir adelante a todo motor. Y sin duda, habrá decisiones muy difíciles.

La suma total de su vida estará compuesta por sus decisiones. Si toma decisiones a partir del miedo a los demás, de sus opiniones y puntos de vista, su destino estará siempre determinado por la mentalidad de las masas. Pero cuando sus decisiones se arraigan en Dios, que es su origen, y la motivación de sus decisiones es el beneficio para los demás, tenga la seguridad de que el camino —aunque sea difícil— le llevará a un lugar de gran plenitud, en todos los aspectos.

Hechos, no palabras

La decisión más importante que puede tomar usted es ésta: ¿será una persona de hechos, o de palabras? Las palabras nunca han servido para resolver un problema. Simplemente retrasan el resultado. Pienso que es gracioso que los líderes mundiales digan: "Vamos a reunirnos para conversar". Si realmente quiere uno saber por qué son pocos los problemas del mundo que se resuelven finalmente, en tanto la mayoría sigue igual o peor, es porque a todos les gusta hablar, pero son pocos los dispuestos a actuar. La capacidad para identificar y enfrentar el problema está muy bien. Pero es muy diferente el estar dispuesto a hacer lo que haya que hacer. Los que sobreviven en un mundo que se derrumba son las personas de acción, los que hacen cosas.

El mundo en que vivimos está desesperadamente necesitado de personas que actúen y estén dispuestas al sacrificio con tal de que se haga lo que hay que hacer. No es solo en el nacimiento de nuestra nación que vemos que el autosacrificio es el que paga el precio de la supervivencia. Cada capítulo de nuestra historia nos presenta personas de acción, dispuestas a hacer un sacrificio en los momentos más difíciles. Lo que hicieron estableció los fundamentos para la calidad de vida de la generación que le seguiría. Si olvidamos de dónde venimos como nación, estaremos cometiendo un error tan grave como el de olvidar de dónde venimos espiritualmente. Porque en ambos casos nos traicionamos y destruimos aquello por lo que tantos han pagado un precio tan alto.

Comparemos el país de autosacrificio del ayer con el país que tenemos hoy. Nos hemos convertido en una sociedad que vive para ejercer sus derechos y autogratificarse. Hoy ya no se oye hablar de autosacrificio. Y al eliminar esta característica de nuestro carácter, hemos quebrado la verdadera calidad de la vida, la libertad y la búsqueda de la felicidad para quienes vengan después. ¿Cómo es que sucedió esto en tan poco tiempo? Es porque hemos criado a una generación que decidió que es mejor negociar antes que sacrificarse.

Negociar o sacrificarse

La diferencia entre negociar y sacrificarse es bastante simple de ver. Con la *negociación* todos se sienten cómodos, y por lo general, hay una motivación egoísta. Pero el *sacrificio* requiere de un compromiso y desinterés total. El mundo que nos rodea no solo se ve abrumado por la controversia, sino que está saturado de negociaciones.

La suma total de su vida estará
compuesta por las decisiones que tome.

En una negociación, las partes efectúan concesiones mutuas para poder llegar a un acuerdo de toma y daca que logra que ambos obtengan lo que quieren. Tal vez, lo muestren como un *gran sacrificio,* pero en la mayoría de los casos, no es más que teatro y palabras. El verdadero sacrificio se demuestra cuando uno está dispuesto a jugarse la vida, *sin* la promesa de obtener algo a cambio. Esas palabras que escribió George Washington sobre la hoja en que tenía su plan de batalla, son las que describen el sacrificio: "victoria o muerte". Estaba dispuesto a hacer lo que hubiera que hacer con tal de ver que se alcanzara el propósito de la libertad.

En el mundo de hoy, casi se ha extinguido esa perspectiva del *todo o nada*. Hubo una época en nuestra nación en que la gente se veía como parte de una imagen más grande, en lugar de verse como *la* imagen. Y su perspectiva se reflejaba en la ética de trabajo. El éxito de la empresa era el éxito de todos, y el objetivo era el del bien común. Ahora, pareciera que cada mañana al leer los titulares en el periódico hay algún ejecutivo u otro que ha estafado a la compañía en pos del beneficio propio, dejando un tendal de víctimas en la ruina total. La única forma en que podríamos explicar esta conducta es que la ambición egoísta y la codicia han marcado a fuego sus conciencias, insensibilizándolos al punto de ya no tomar en cuenta las consecuencias de sus acciones y decisiones.

Con la negociación todos se sienten cómodos, y por lo general, hay una motivación egoísta. Pero el sacrificio requiere de un compromiso y desinterés total.

En los primeros tiempos de nuestra nación, uno podía encontrar personas que se sacrificaban en donde fuera que uno mirara: en los negocios, los barrios, el gobierno, las iglesias, las comunidades. Pero la tendencia de hoy ha elevado a la negociación por encima del sacrificio.

Apliquemos este principio al matrimonio. ¿Sabe usted por qué tantos matrimonios terminan en divorcio? Porque el matrimonio es una relación que requiere de sacrificios, más que de negociaciones, para poder sobrevivir. Si quiere que su matrimonio sobreviva a los tiempos más difíciles y se fortalezca a través de las dificultades, tiene que entregar la vida para eso, y no negociar.

Lea estos votos matrimoniales, y encontrará sacrificio:

¿Prometes en pacto ante Dios y estos testigos ser esposo o esposa fiel en la abundancia y la escasez, la alegría y la pena, la salud y la enfermedad, en las buenas y en las malas, renunciando a todos los demás y entregándote solamente a tu cónyuge hasta que la muerte los separe?

Aquí no hay un solo gramo de negociación. El matrimonio no es una relación basada en la negociación, sino en el sacrificio.

La naturaleza de la negociación dice: "¿Y qué obtengo yo a cambio?". En tanto, el sacrificio dice: "Pase lo que pase, para bien o para mal, haré lo que haya que hacer, porque estoy en esto contigo".

Apliquemos esto a nuestra nación. Cuando como sociedad dejemos de ser un pueblo de negociación y empecemos a actuar centrados en el autosacrificio, volveremos a ser la gran sociedad que uno de nuestros líderes más prominentes, Ronald Reagan, describió como "la ciudad de luz sobre la colina".

Para que esto sea posible, el gobierno tendrá que dejar de hablar y gastar, y empezar a liderar. Cuando suceda eso, nuestras escuelas dejarán de procesar estudiantes para empezar a educar personas. Nuestras iglesias tendrán que dejar de tratar de hacer que todos se sientan cómodos y deberán empezar a decir la verdad que hace libres a los hombres. Nuestros hogares tendrán que dejar de estar llenos de personas desconectadas para empezar a llenarse de familias. Nuestros hijos tendrán que dejar de buscar inútilmente liderazgo y dirección, y habrán de estar dispuestos a imitar a los padres y madres que entregaron sus vidas para que otros pudieran conseguir el éxito.

Todo lo antedicho no es subproducto de la negociación. Es la recompensa de quienes han tomado la decisión de vivir vidas de autosacrificio.

EL CUESTIONARIO DEL DESTINO

Sepa que las decisiones que se centran en la base correcta no siempre estarán exentas de riesgos. Toda decisión implica riesgos. Dije antes que la mayoría de las personas basa sus decisiones en el miedo que surge de la incertidumbre. Quiero que sienta confianza en cuanto a las decisiones que tome. Y no niego que habrá riesgos, pero le daré la capacidad de calcularlos con seguridad. Cuando se trata de contar los costos y correr el riesgo, le invito a usar lo que llamo "el cuestionario del destino".

Si no es bueno para responder cuestionarios, no se preocupe. Este es corto y a libro abierto. Hay dos preguntas. Una le hará mirar hacia atrás. Y la segunda, centra su mirada en el futuro.

Pregunta número uno

Lo primero que se pregunta uno cuando tiene que analizar el riesgo que implica su decisión es: "¿Me ha traído Dios hasta aquí para perderlo todo ahora?".

Tómese un momento y repase las páginas de su pasado. ¿Le ha protegido Dios, proveyendo para usted, dándole poder y capacidad, sanándole, ayudándole y permitiendo que llegue hasta aquí solo para que ahora renuncie? ¿Puede ver ahora por qué reconectarse con su origen y saber de dónde viene usted son factores tan importantes? ¿Cómo podría responder a esta primera pregunta del destino si Dios no es el fundamento para la respuesta?

El plan de Dios para su vida no es dejarlo sin cumplir su propósito, así que no tiene motivos para preocuparse por los riesgos que implique la decisión que tiene que tomar.

Cada vez que me enfrento a una cuestión que parece llevarme a una decisión de todo o nada, lo primero que hago es mirar todas las situaciones en las que Dios me ayudó. Cuando pienso en todo lo que Él ha hecho por mí hasta ahora, rara vez necesito preguntar si esto es todo lo que Dios tenía preparado para mi vida. Cuando veo todo lo que Él ha hecho sé con certeza que todavía su plan para mí no ha terminado.

Dios me ha estado protegiendo desde el principio mismo. Cuando mi madre me llevaba todavía en su vientre pensó que podría haberse contagiado la rubéola de una señora de la iglesia, que había estado allí un domingo. Sabía que su embarazo correría peligro si así era, por lo que llamó al médico para preguntarle cuál era su recomendación. Él le contestó fríamente: "Bueno, venga a mi consultorio y le haremos un aborto, porque el niño podría nacer con defectos congénitos. Usted y su esposo podrán volver a intentarlo más adelante".

Mi madre, angustiada, llamó a papá a su lugar de trabajo y de inmediato él decidió que cambiarían de doctor. El 22 de julio de 1978, la decisión de mis padres demostró que Dios tenía razón y que el endurecido médico se había equivocado. Creo que no fue más que un intento satánico por terminar mi vida y mi ministerio antes de que comenzaran.

La gente me pregunta a menudo cuándo sentí el llamado al ministerio, y yo respondo: "No recuerdo momento alguno desde que tengo memoria en que no quisiera predicar la Palabra de Dios". Es como Dios le dijo a Jeremías: "Antes que te formase en el vientre te conocí, y antes que nacieses te santifiqué, te di por profeta a las naciones" (Jeremías 1:5). Creo que Dios hizo lo mismo conmigo y que por eso hubo un intento de acabar con mi vida antes de que naciera.

Siempre que me pregunto: "¿Me ha traído Dios hasta aquí

para que ahora lo pierda todo?", vivo uno de los muchos momentos del pasado que atraviesan mi mente. ¿Qué hay de usted? ¿Qué dificultades ha atravesado con Dios, que le hacen sentir con certeza y sin sombra de duda que si no hubiera intervenido Él, usted habría sido destruido? Le aseguro que no se trata de que no haya plan, propósito y razón. El plan de Dios para su vida es no dejarlo sin cumplir su propósito, así que no tienen motivos para preocuparse por los riesgos que implique la decisión que tiene que tomar.

Pregunta número dos

La segunda pregunta de este cuestionario mira al futuro: "¿Cómo será la calidad de mi vida si ni siquiera lo intento?".

Es mejor intentar y fallar, y volver a intentar, que nunca hacer el intento. Nadie puede responder todas las preguntas que nos presenta el futuro. Pero hay algo que puede tener por cierto sobre su futuro y es que si se niega a intentarlo, su calidad de vida no mejorará en absoluto.

Ha habido muchos que se han plantado en esta encrucijada del riesgo y la recompensa, preguntándose qué hacer. Mi lema es: "si Dios está con nosotros ¿quién podrá contra nosotros?".

Si el motivo de su decisión es el de cumplir el propósito de Dios en su vida, si la razón de su decisión es beneficiar a otros, entonces ya no hay más por adivinar. ¡Hágalo! Salga allí afuera, trepe al árbol y siga hasta la rama más alta, donde el fruto es más dulce. Disfrute de una aventura que para usted —y sus seres amados— significará una vida y un futuro de esperanza y gozo en medio del caos y los problemas. Para vivir una vida así, hay que ir paso a paso, con confianza y tomando decisiones firmes como la roca.

*"Con talento ordinario y perseverancia
extraordinaria ¡todo se puede conseguir!*

SIR THOMAS FOXWELL BUXTON

PAGUE EL PRECIO DE LA PERSEVERANCIA

Mi atleta olímpico favorito

En el verano de 2008, el mundo entero se detuvo, dejando de lado su interminable volatilidad, sus luchas sin fin, para volver la atención a China, donde se realizaban los Juegos Olímpicos de verano por primera vez. A pesar de todos los rumores entre bastidores, sin duda la antigua civilización dio un gran paso al exhibir su milenaria cultura, impresionando a miles de millones de personas con su moderna tecnología y poder. Los vigésimonovenos Juegos Olímpicos de verano fueron por cierto algo memorable.

Mientras miraba la ceremonia de apertura, con todo su simbolismo y grandilocuencia, me pregunté quién sería mi competidor preferido. ¿Sería alguno de los favoritos del mundo en este momento el que llegara a romper un récord? ¿Sería alguna cara conocida, llegada al equipo por cortesía, pero de quien nadie esperaba demasiado? ¿O sería alguna de las almas desconocidas que, para el final de la competencia, habría quedado grabada en la memoria de todos? No podía imaginar que para cuando llegara el final mi atleta favorito sería alguien que ni siquiera se llevó una medalla de oro.

David Neville era un atleta de quien nadie esperaba demasiado. Era relativamente nuevo, comparado con algunas de las caras semifamosas y más firmemente establecidas en este evento. La carrera de cuatrocientos metros quedó en el salón de la fama gracias al inolvidable Michael Johnson, quien estableció récords y nuevos niveles en su disciplina al llevarse no sólo el oro en esta carrera, sino también en la de los doscientos metros.[2]

Había llegado una cantidad de gente a Beijing con la intención de llevarse la corona de

Michael, uno de los corredores más grandes del planeta. Y aunque David Neville, tal vez, no diera demasiada importancia al renombre, no era alguien que estuviera en el foco. Con toda franqueza, admito que no tenía idea siquiera de quién era ese hombre hasta que llegó a la línea de llegada en la final de los cuatrocientos metros para varones.

No tuve oportunidad de seguir los juegos como me habría gustado hacerlo; excepto lo que mostraba el noticiero cada noche, no pude ver demasiado. Pero en la noche de la final de los cuatrocientos metros para varones, mi esposa y yo tuvimos la infrecuente oportunidad de sentarnos y ver cómo se escribía la historia, desde el otro lado del mundo. Al comenzar la carrera todos los comentaristas hablaban de dos atletas estelares que durante el año entero habían sido rivales fuertes. Todo el mundo esperaba que finalizaran la carrera cabeza a cabeza. Había otro corredor de las Bahamas, a quien se mencionaba como probable tercer puesto.

La tensión aumentaba y el encargado de dar inicio a la carrera dio sus instrucciones a los corredores. La cámara mostraba sus rostros. Y casi como comentario al pasar, el locutor dijo: "Ah, sí, el joven David Neville también es un inesperado participante en esta carrera, y partirá en el andarivel ocho". Fue la primera vez que oí ese nombre.

Sonó el disparo que daba inicio a la carrera, y como se predijo, los dos favoritos iban adelante. El joven de las Bahamas avanzaba en tercer lugar. A medida que los atletas conocidos por todo el mundo avanzaban hacia la línea de llegada, se veían contentos de estar en su lugar. Exhaustos, agitados y aliviados, tomaron como un descanso para los últimos metros que faltaban.

Todos lo hicieron, excepto mi atleta olímpico favorito, David Neville. Allí, en la pista ocho, la figura que parecía flotar en el aire se extendió como si fuera una alfombra voladora, contradiciendo lo que los manuales indican sobre el final de toda carrera. Los dos favoritos cruzaron la línea, en primero y segundo lugar, con medalla de oro y medalla de plata. Pero ahora, de repente, aparecería alguien nuevo en tercer lugar.

Adivine: David Neville. Se esforzó para llegar en el tercer puesto, como si en ello le fuera la vida. Cuando se levantó y vio que su impulso de último momento le había hecho ganar el bronce, celebró con una alegría que me hizo creer que ¡de veras le iba la vida en ello! Cuando le preguntaron sobre su último impulso, hizo dos comentarios reveladores: "Lo hice porque fue lo único que se me ocurrió en el último segundo", y "Dios me tuvo que haber dado el empujón".[3]

Por primera vez en mucho tiempo, me

emocionó ver los Juegos Olímpicos. Mi esposa me miraba, perpleja, tratando de entender qué era lo que tanto me conmovía por un tercer puesto. Empecé a ver que lo que yo creía era exagerado acerca del momento olímpico, en realidad tenía más que ver con llegar al final de la carrera que con ganar el oro. Esa victoria era mucho más que el último puesto en el podio. David Neville, de quien yo no había oído nunca antes, me recordó qué es lo que hace falta para llegar al final, y para hacerlo bien. Su último envión para llegar a la línea final no fue un esfuerzo desesperado por obtener un premio, sino *la lucha de la perseverancia*.

Considere esto: Durante por lo menos cuatro años antes de ese momento, toda su vida había estado dedicada a prepararse para esa carrera. Todas las mañanas, día tras día, se esforzó con disciplina y le exigió a su cuerpo físico el máximo posible, hasta el límite, solo para poder competir. Y cuando llegó el momento, no iba a aceptar un resultado negativo.

Mientras otros estaban dispuestos a permitir que todas esas horas, todos esos meses y años de entrenamiento acabaran en el mero hecho de participar, David decidió que así no sucedería con él. No había llegado hasta allí para volver a casa con las manos vacías. Quería algo que diera testimonio de su logro.

Aprecié la expresión de su rostro durante la

ceremonia de entrega de medallas. Su sonrisa se extendía de oreja a oreja. Para algunos, no había llegado en primer lugar, pero para mí era y sigue siendo un gran campeón. Dio lo mejor de sí, hasta su último gramo de fuerzas, todo lo que tenía, incluso hasta ese último desesperado envión. Por ese breve momento, la perseverancia de David lo colocó tercero en los libros en que se registran los resultados, pero para mí era el número uno.

A SU TIEMPO

En uno u otro momento, toda vida requerirá de la perseverancia. Dios no nos pide que terminemos primeros, pero espera que demos lo mejor de nosotros todo el tiempo, hasta el final. Uno puede hacer uso de cantidad de recursos para llegar a la cima. El dinero puede brindarnos esa oportunidad, el talento y los dones naturales pueden llevarnos hasta allí o, en algunos casos, podrá dársele el crédito simplemente a la buena fortuna y al destino. Pero más allá de lo que se haga para llegar a la cima hay una sola cosa que nos mantendrá allí, y es la perseverancia.

La perseverancia es una combinación muy particular de determinación, paciencia y esfuerzo que, a veces, requerirá de horas de intensa resistencia y años de paciente espera. Luego, cuando se une todo esto a los momentos de extremo esfuerzo, la suma da como resultado un recurso poderoso que nos da la capacidad para vencer cualquier obstáculo. Cualquier persona que sea perseverante se mantendrá fuerte, por mucho que tiemble el mundo.

Se dice que vale la pena esperar por las cosas buenas. La verdad es que si su vida ha de lograr aquello para lo que ha sido creado usted, hará falta más que paciencia. Hará falta perseverancia.

Hay muchísimas personas con la voluntad y el deseo de hacer el intento. Pero son pocos los que tienen la capacidad para ser perseverantes. Como sociedad, somos adictos a la gratificación instantánea, por lo que nuestra mentalidad es la del *ahora mismo*. Muchos sentimos que cuando tenemos que esperar —y ni hablar de cuando hay que perseverar— estamos como en una persecución en la que somos la presa. Según el libro de Santiago, en realidad, esto no es una persecución sino el proceso hacia nuestra perfección. "Mas tenga la paciencia su obra completa, para que seáis perfectos y cabales, sin que os falte cosa alguna" (Santiago 1:4).

Podemos esforzarnos por alcanzar nuestra meta, pero si no vemos los resultados que queremos *de inmediato*, renunciamos y decimos: "Ah, eso no era para mí". Demasiadas veces olvidamos que las dificultades que enfrentamos no surgieron de la noche a la mañana, y no hay razón para que creamos que podremos corregirlas todas en un solo día. Cuando se navega por las inciertas aguas de la vida, uno necesita cierta cantidad de destrezas, entre ellas la perseverancia.

La perseverancia siempre tiene un precio. Hay una frase en las Escrituras que me obligo a leer regularmente. En efecto, cada vez que la veo la repito una y otra vez: "a su tiempo" (véanse Salmos 104:27 y Gálatas 6:9). Esas tres palabras me recuerdan continuamente quién soy y cuál es mi papel.

El Salmo 1:3 habla del hombre en una correcta relación con Dios como quien es "como árbol plantado junto a corrientes de aguas, que da su fruto *en su tiempo*, y su hoja no cae; y todo lo que hace, prosperará" (énfasis añadido).

No hay nada instantáneo en un árbol. Esta es la imagen perfecta de la perseverancia. Comienza siendo pequeño y frágil, por lo que debe soportar los embates del clima en todas las estaciones: el frío crudo del invierno, los chubascos y tormentas de la primavera, y el abrasador calor del verano, además de la transición del otoño.

Eso se prolonga año tras año hasta que finalmente llega el tiempo de dar fruto. Entonces, y solo entonces, se reconocerán las recompensas de la perseverancia. Este salmo afirma que quien echa raíces en la Palabra de Dios —fuente de la grandeza— es como el árbol plantado junto al río. Si su vida echa raíces en el fundamento de la Palabra, tiene usted una fuente, un manantial fresco e infinito, del tipo que le dará seguridad aun en los momentos más inciertos.

Cuando uno tiene como fuente o manantial un río de agua viva, sabe que jamás se secará. Tiene entonces fuerza para soportar, poder para producir y a su tiempo, el fruto será de bendición, no solo para sí sino para quienes le rodeen, ya que al final, el versículo dice: "y todo lo que hace, prosperará".

La perseverancia es una combinación
muy particular de determinación,
paciencia y esfuerzo que, a veces,
requerirá de horas de intensa resistencia
y años de paciente espera.

Conozco mucha gente que siente verdadero entusiasmo con la parte del versículo que habla de la prosperidad, pero que no llegan a reconocer que la llave que abre las puertas de la prosperidad es la perseverancia. Gálatas 6:9 es otro versículo que declara "a su tiempo". Dice: "No nos cansemos, pues, de hacer bien; porque a su tiempo segaremos, si no desmayamos".

Con frecuencia, me encuentro con el síndrome del "haré lo que sea, solo una vez", que muestra que la persona está dispuesta a hacer algo una vez y luego renuncia o pasa a lo siguiente. Algunos aplican el principio de "haré lo que sea, solo una vez" a sus vidas. Por ejemplo, quieren perder veinte kilos y mejorar su salud física, y por eso van al gimnasio *una vez*. ¡Fueron al gimnasio una hora y no perdieron un gramo! Así que, como no vieron los resultados que querían, sencillamente se niegan a volver a ir. Olvidemos el hecho de que siguen pagando la cuota del gimnasio todos los meses y tienen cientos de dólares en ropa, zapatos y equipo que convertirían sus físicos en obras maestras de la escultura. Lo intentaron una vez y no volverán a hacerlo.

Lamentablemente, sucede lo mismo en términos de la perseverancia espiritual. "Voy a orar una vez...", "Iré al servicio de adoración esta sola vez...", "Daré el diezmo y la ofrenda una vez...", "Iré a la iglesia hoy y veré qué pasa..." Apenas pasa esa primera experiencia, miran al cielo como diciendo: "Bien, Señor, ya hice mi parte. Ahora haz la tuya".

Observe que esa conducta esporádica no nos da derecho a las continuas bendiciones de Dios. Se requiere de nosotros que perseveremos, que hagamos un esfuerzo consecuente, con regularidad. Solo a través de la continua perseverancia llegaremos a la bendición "a su tiempo". Créame, esa espera vale la pena.

Perseverancia es una palabra que tal vez usemos con exageración, pero a los fines de este capítulo, en cuanto se relacione con una vida a prueba de destrucción, mi definición es la siguiente: "La perseverancia es un esfuerzo congruente y de alta calidad, a pesar de la oposición". Cuando este tipo de perseverancia es el que describe su vida, tendrá usted la seguridad de que por mucho que le derriben, nunca podrán destruirle.

Hay quienes pueden rendir con congruencia, siempre y cuando las condiciones sean favorables. Pero la verdadera perseverancia rinde coherentemente en *cualquier* situación. Allí radica la diferencia.

Las condiciones comerciales no son ni por asomo tan favorables como hace veinticuatro meses. La perseverancia enfrenta la situación y encuentra la forma de seguir rindiendo en tanto otros bajan los brazos. Tal vez haya que redefinir los servicios o reducirse un poco para estar seguro de que uno tiene la capacidad de controlar los riesgos, pero como es usted una persona que está dispuesta a pagar el precio, se niega a renunciar. Persevera y, a su tiempo, vence.

Este tipo de perseverancia es lo que hace del matrimonio el bello retrato de amor y compañerismo que Dios quiso que fuera. Una de las razones por las que no funcionan algunos matrimonios es porque hay mucha gente que se niega a *trabajar* en el suyo. Es más fácil salir de los momentos difíciles, que aprender a perseverar juntos. Nuestra sociedad ha hecho del divorcio una cuestión de nada más que papeles legales, un trámite que se termina en cuestión de momentos. Pero en verdad, es que tirar a la basura una relación, porque es lo que conviene en el momento, dará como resultado una vida entera de pesadumbre. ¿Cuál es la respuesta entonces? Perseverar. Saber que con amor verdadero uno puede vencerlo todo, incluso si durante un tiempo las cosas son incómodas.

Ser una persona perseverante significa que la palabra *renunciar* no aparece en su vocabulario. Cuanto más intente desalentarle el mundo, más animado se sentirá usted para seguir adelante. ¿Es ésta su descripción? ¿Puede hacer un esfuerzo de alta calidad incluso cuando las cosas no estén a su favor y el mundo a su alrededor se estremezca? ¿O depende su rendimiento de que las cosas sean favorables?

DISCIPLINA, DEBER Y DEVOCIÓN

Para desarrollar la capacidad de perseverar, hay tres ingredientes reales que necesitará: *disciplina, deber* y *devoción*. Son los componentes indispensables en una vida a prueba de destrucción y no se puede tener uno sin los otros dos.

> Cuando uno tiene como fuente o manantial un río de agua viva, sabe que jamás se secará.

Por ejemplo, jamás podrá uno cumplir su deber en la vida sin disciplina, ni podrá disciplinarse, a menos que tenga devoción por algo que sea más grande que uno. Veamos primero la disciplina.

La disciplina

Ya mencioné que somos adictos al control. Pero a decir verdad, de todas las cosas que hemos aprendido a controlar, lo que más fuera de control está somos nosotros mismos. Nuestra crisis económica nacional es resultado del gasto particular descontrolado. Muchos de los problemas físicos que afectan nuestra salud son resultado de hábitos personales sin control. A menudo, muchas de las dificultades que enfrentamos en nuestras relaciones son producto de emociones y respuestas descontroladas por parte de una persona.

En el capítulo anterior, señalé que es Dios quien en verdad está al mando de todas las cosas. Él es el propietario y nosotros, los administradores. Siendo este el caso, la disciplina es la forma en que nos administramos a nosotros mismos. Y es el fundamento de la perseverancia. Sin disciplina uno puede tener momentos de alto rendimiento y estabilidad, pero no podrá mantenerlos. Porque su vida estará definida por la incongruencia.

La disciplina es el muro que divide a los talentosos de los tenaces. El talento puede llevarnos a la cima, pero es la disciplina tenaz lo que nos mantendrá allí. Es ese fuego que arde dentro, y que no se apaga, negándose a dejarnos.

Hay cantidad de personas talentosas en el mundo, pero son pocas las que tienen disciplina para administrarse a sí mismas. ¿Cuántas veces vemos en el noticiero alguna historia sobre el "Señor Éxito" o la "Señora Éxito", que caen de su pedestal? Y eso sucede no porque les hayan traicionado sus talentos. Se han traicionado a sí mismos. Tuvieron talento para llegar, pero les faltó disciplina para mantenerse allí.

Proverbios 25:28 nos recuerda: "Como ciudad derribada y sin muro es el hombre cuyo espíritu no tiene rienda". Incluso, habiendo enorme potencial y recursos en una ciudad, si no hay muros —mecanismos de control— todo acaba mal. Porque el control lo tendrá cualquiera que decida tomarla.

De la misma manera, la vida sin disciplina no tiene estructura sólida, no tiene límite ni protección contra la influencia externa. Podrá ser controlada por lo que sea que aparezca. ¿Cuál es la respuesta entonces? Uno tiene que estar dispuesto a desarrollar disciplina en su vida para poder mantener el control y cumplir con su propósito.

El deber

El segundo aspecto de la perseverancia que hay que formar en nuestras vidas es el *deber*. *Deber* es una palabra que, por lo general, se aplica a los oficiales que responden a una autoridad y cuya obligación es cumplir alguna tarea. A menudo, oímos hablar del deber en relación a actos de heroísmo por parte de personas que no pensaron en su bienestar sino en lo que tenían que hacer, en el deber.

Deber no es lo que queremos hacer, sino aquello que debemos hacer. Si piensa que podrá cumplir con su deber sin disciplina, le deseo suerte. La necesitará. El deber es su servicio y su función en pro de los demás.

Por ejemplo, como esposo y proveedor tengo el deber de proveer para mi esposa e hijos. Es mi obligación, no solo por mi devoción a ellos, sino también por mi compromiso con Dios. Él me lo exige tanto como me lo exigen ellos. Tal vez no siempre sea fácil y puede haber momentos en que la idea de renunciar parezca atractiva. Pero es mi deber, mi servicio, mi propósito y mi obligación. Si mantengo esto en mente, podré pasar momentos difíciles y tener dominio de mí mismo para disciplinarme y cumplir con mi responsabilidad.

La vida sin disciplina no tiene estructura sólida, carece de límite y protección contra la influencia externa. Podrá ser controlada por cualquier cosa que aparezca.

Samuel, el profeta del Antiguo Testamento que ungió a Saúl y a David como reyes de Israel, entendía el significado del deber. Como profeta, era responsable de representar la palabra del Señor ante el pueblo y al pueblo ante Dios.

Antes de que Israel tuviera rey, Dios era el soberano de la nación. Eso quería decir que si el pueblo quería comunicarse con Dios, o este tenía algo que decirle al pueblo, iban y hablaban con Samuel. Nada sencilla la tarea.

Un día los hijos de Israel decidieron que ya no querían más ese sistema de liderazgo sobrenatural y que deseaban ser como el resto del mundo, que tenía rey. Así que, en cierto sentido puede decirse que fueron donde Samuel y le dijeron de manera indirecta: "Estás despedido. Queremos un rey, como todas las demás naciones". Claro está que eso molestó a Samuel, por lo que hizo lo que haría cualquier buen profeta: habló con Dios.

El Señor le dijo a Samuel: "Oye la voz del pueblo en todo lo que te digan; porque no te han desechado a ti, sino a mí me han desechado, para que no reine sobre ellos" (1 Samuel 8:7). Mi traducción sería: "No te preocupes, Sammy. ¡Me despidieron a mí, no a ti!".

No sé qué pensará usted, pero creo que yo no habría tenido la osadía de decirle a Dios que ¡su pueblo lo había despedido! Y lo más asombroso es la respuesta de Samuel a los hijos de Israel. En vez de decirles: "Bien. Han despedido a Dios. Si han acabado con Él, han acabado conmigo, así que yo tampoco quiero saber nada de ustedes. Buena suerte, de buena me he librado"; Samuel les dijo: "Así que, lejos sea de mí que peque yo contra Jehová cesando de rogar por vosotros; antes os instruiré en el camino bueno y recto" (1 Samuel 12:23).

Samuel se negó a considerarse despedido. Les dijo: "Es mi deber, aunque ustedes me rechacen. Me niego a renunciar. No fueron ustedes quienes me designaron, sino Dios. Él tiene expectativas con respecto a mí, que no cambian por la opinión que ustedes tengan. Así que aunque no me quieran, yo sigo teniendo trabajo que debo cumplir". Eso es perseverancia. Eso es disciplina. Eso es grandeza en acción. Es mantenerse firme, inconmovible.

La devoción

El último ingrediente que requiere la perseverancia es la *devoción*. Para poder desarrollar la disciplina que nos permite cumplir con nuestro deber, necesitamos de la dedicación y la lealtad que surgen a partir de la devoción.

En mi vida hay una mujer que ha captado la esencia de la perseverancia como nadie más: mi abuela, Vada Hagee. Ha estado en esta tierra durante noventa y seis años, y es testimonio vivo de que la perseverancia rinde frutos. Su nivel de autodisciplina, su sentido del deber y su devoción a Dios y la familia, en mi opinión, no pueden describirse con meras palabras.

Hay muchísimos recuerdos y ejemplos que podría contar aquí para ilustrar lo que siento, pero por motivos de tiempo y espacio me limitaré a uno solo. Tiene que ver con su hijo mayor, Bill. Siendo pequeño le diagnosticaron epilepsia, lo que causaba ataques muy violentos varias veces a la semana, como podrá imaginar. En ese momento, a fines de los cuarenta y principios de los cincuenta, la ciencia médica no tenía nada que ofrecer que pudiera aliviar ese mal. Lo único que daba era una larga lista de todo lo que el paciente no podía hacer.

Nada de bicicleta: "Podría caerse". Nada de trepar árboles: "Podría matarse". No viajar en colectivo: "Sus ataques atraen la atención y serán motivo de vergüenza". Mi abuela escuchaba lo que los médicos decían y respondía: "Mi hijo llevará una vida normal y hará lo que hacen otros niños y si Dios quiere llevárselo a casa, está bien. Pero esta enfermedad no le será impedimento". Créame que si conociera usted a mi abuela Vada, sabría que lo que decía, lo hacía.

Aquí es donde entra en juego la perseverancia. Como mujer de fe, mi abuela y mi abuelo pasaron al frente en la iglesia para orar pidiéndole a Dios que sanara a su hijo. Si hubieran sido cristianos de los que "hacen lo que sea, una sola vez", habrían quedado terriblemente desilusionados, ya que en ese momento no pasó nada. Por eso, Vada decidió perseverar y su método fue el ayuno. Decidió que en lugar de cenar con su familia, prepararía la comida, la serviría en los platos y mientras su esposo y sus hijos comían, ella iría a su dormitorio para pedirle al Señor que sanara a su hijo. Su ayuno no fue un experimento descartable que duró dos semanas, ni una exhibición de cuarenta días. Ayunó todas las noches ¡durante tres años seguidos!

Al pensar en la disciplina, el deber y la devoción que hicieron falta para tal hazaña, me impresiona a tal grado que me humillo. Porque como padre sé lo precioso que es el tiempo que uno comparte en familia, y ella lo sacrificó para ir ante el Señor, por su hijo mayor. Durante treinta y seis meses llevó ante el Señor un pedido: "Sana a mi hijo".

Si al que espera le esperan cosas buenas, al que está dispuesto a perseverar le esperan cosas grandiosas.

Hizo falta disciplina para hacerlo día tras día, año tras año, y el sentimiento del deber de que era su responsabilidad pedirle a Dios que sanara a su hijo. Fue la devoción lo que la llevó a arrodillarse noche tras noche, pidiéndole al Señor una vez más.

A menudo, pienso qué sentiría al presentarse ante Dios en oración después de uno de esos horribles ataques. Arrodillada junto a su hijo mientras las convulsiones descontroladas sacudían su cuerpo, solo podía consolarlo, decirle que estaría bien, ayudarlo a levantarse y llevarlo a casa. Luego, tenía que preparar la cena, poner la mesa y escapar a su dormitorio para perseverar, creyendo todo el tiempo que Dios no le fallaría.

¿Por qué dejó de hacerlo después de tres años? Porque la perseverancia ¡rinde frutos! Un martes por la noche, en su pequeña iglesia rural del este de Texas, mi abuela oficiaba en el servicio y pidió que Bill pasara al frente para que oraran por él. Quienes estuvieron allí esa noche, dicen: "¡Sanó al instante!". Alabado sea Dios, de veras sanó. Hoy tiene setenta y tres años y no ha tenido un solo ataque desde los dieciséis.

Pero "instante", no describe lo que sucedió en realidad. Sanó después de tres años de disciplina, deber y devoción de una madre —de la perseverancia de una madre— que decidió que no bajaría los brazos hasta que Dios se moviera.

He oído decir a muchos: "¡Tu abuela es una gran mujer!". Soy el primero en estar de acuerdo y en pronunciar desde el corazón un sentido ¡amén! Pero la perseverancia fue el precio que ella tuvo que pagar para que la halagaran diciendo eso. Si al que espera le esperan cosas buenas, al que está dispuesto a perseverar le esperan cosas grandiosas. Cuando parece que la vida se derrumba en todos los aspectos, aplique la cualidad de la perseverancia a su situación y, finalmente, no será destruido. Será vencedor.

Tan grande como nuestra confianza
será nuestra capacidad.

WILLIAM HAZLITT

Emana confianza, la actitud con potencial

"Señor Hagee, ¿me abrazaría?"

Cuando mi padre tenía dieciséis años consiguió
trabajo como director atlético del Orfanato
Hogar de Fe, cerca de su casa en Houston,
Texas. Las historias que cuenta de su época en
ese recinto siempre me resultaron emocionalmente difíciles, pero me recuerdan también lo

dura que puede ser la vida cuando uno pierde la confianza en lo que puede llegar a ser y hacer.

La política del Hogar de Fe era que si uno ya no podía mantener a su hijo, la educación y cuidado del menor pasarían a cargo del hogar, en sus instalaciones. Lo único que había que hacer era dejar al niño o niña ante la puerta. Muchas mañanas, al llegar caminando a su trabajo, Papá podía oír el llanto de algún pequeño desde lejos y antes de verlo siquiera. Era algún niño o niña, recién llegado, que lloraba pidiendo por su madre. Ésta, claro está, se había ido después de dejar a su pequeño o pequeña en la puerta del hogar. Muchas veces, Papá me describió las etapas emocionales por las que pasaban esos niños mientras digerían el hecho de que su vida había cambiado para siempre.

Me decía: "Hijo, todo huérfano tiene su historia". La mayoría de los pequeños se sentaban en sus camas por las noches para inventar historias sobre sus padres, sobre lo que estaban haciendo y sobre cuándo vendrían a buscarlos. Por ejemplo: "Mi padre está haciendo un trabajo muy importante para el gobierno, algo secreto que nadie más puede conocer. Cuando haya terminado, el presidente le dará una medalla y entonces vendrá por mí. Viviremos en una estancia en el oeste".

Uno tras otro, los niños creaban una realidad alterna que los distraía de la verdad.

Pero todos los viernes, esas fantasías caían una a una, derrumbadas porque en el Hogar de Fe, los padres que vivieran cerca podían visitar a sus hijos los fines de semana y llevarlos a casa para estar con ellos. Todos los viernes a las cinco de la tarde, las caritas de los pequeños asomaban en fila mientras sus ojitos buscaban más allá de la cerca de hierro, con la esperanza de que sus mamás o papás llegaran para llevarlos a casa. Pocas veces miraban al niño o niña que tenían al lado, a derecha o izquierda, porque no querían que los demás leyeran el temor e inseguridad en sus ojos. La mayoría, si no todos, terminaban terriblemente desilusionados al ver que sus héroes no vendrían, y su vida de cuento de hadas quedaba hecha añicos a causa de la cruel y dura verdad. Algunos volvían a montar guardia junto a la reja, semana tras semana, pero otros directamente habían renunciado a la esperanza y no se acercaban siquiera al portón, porque sabían que no habría nadie allí por ellos.

A poco de que perdieran la esperanza, se veía que algunos se retraían del mundo, como si ya no quisieran hablar ni entablar relación con los demás niños. Y había otros que al comprender que nadie vendría a buscarlos, intentaban encontrar en cualquier otra persona esa figura de afecto, porque querían hacer el intento de sentirse normales una vez más.

Eran golpes durísimos a la confianza de estos niños. Todo aquello en lo que habían creído con respecto a sus vidas ya no era real. Habían creído que su madre y su padre siempre estarían presentes, pero ahora, ya no estaban. Habían creído que siempre tendrían una familia y ahora veían que ya no la tenían. Habían creído que les cuidarían y ahora se preguntaban si había alguien siquiera a quien le importara su existencia. El ancla que representaba el fundamento de sus vidas se había convertido en una roca que los hundía cada vez más. El origen de su estabilidad les había fallado y ya no estaba, y con eso había desaparecido también su confianza.

Una mañana mientras mi padre paseaba por el camino de entrada del Hogar de Fe, vio a dos pequeños de seis y cuatro años más o menos, de pie, atados entre sí y la reja donde su madre les había dejado. Prendida a la camisa del mayor había una nota: "Ya no puedo alimentar a mis hijos y a mí misma. Por favor, ocúpense de ellos. Son niños buenos".

El de cuatro años ya estaba llorando y el de seis, se esforzaba por mantener el valor. Al ver a mi padre, de repente levantó la mirada y preguntó:

—Señor, ¿cómo se llama?

—Soy el señor Hagee —contestó mi papá.

Y mientras le rodaba una lágrima por la mejilla el niño dijo:

—Señor Hagee, por favor, ¿me abrazaría?

Su mundo se estremecía y necesitaba un abrazo que le diera confianza.

Nadie puede crecer y prosperar sin confianza en lo que puede llegar a ser y hacer. Es la actitud que maximiza el potencial y que nos permite alcanzar los objetivos y metas más importantes en la vida. Es la confianza que proviene de saber quiénes somos y de dónde venimos, la que nos da fuerza y determinación, necesarias para poder establecer correctamente las prioridades, tomar buenas decisiones y desarrollar la determinación que se requiere para perseverar.

El mundo está lleno de personas a quienes la vida les ha sacudido con sus inesperados sucesos, dejándoles en busca de algo en lo que puedan confiar, como ese abrazo de confianza. Cuando sabemos de dónde proviene nuestra confianza en lo que podemos ser y hacer, no importa lo inestable que se vuelva el mundo, siempre seguiremos sintiéndonos seguros y sólidos como la roca.

¿Qué hace usted cuando las cosas van mal?

"Atrápame, papito" es una frase que oigo a menudo en estos días. Mi hija Hannah y mi hijo John William están en esa edad en que a los niños les encanta poner a prueba sus límites. Dicen "Atrápame" cuando saltan desde la base de la escalera, o del borde de la piscina de cualquier altura que hayan podido conquistar en ese momento.

El otro día estábamos en el jardín y a ambos se les ocurrió treparse a la cornisa de nuestro patio, a casi un metro de altura. En ese momento, sincronizaron su pedido de "¡Atrápame, papito!".

Allí estaba yo, con dos pequeños que se dirigían hacia mí casi volando, desde diferentes direcciones, y con apenas un segundo para reaccionar. El resultado causó en mí una reflexión un tanto mezclada, porque pude reaccionar para atajar a John William, de dos años, en el aire, pero casi no tuve tiempo para agarrar a Hannah, de cuatro años, que cayó al suelo de golpe.

El pequeño se había divertido, quería repetir el juego en ese mismo momento. Y mi hija abrió los ojos muy grandes, llorando, y me preguntó por qué la había defraudado. "¿Por qué me dejaste caer?", preguntaba una y otra vez. Luego, procedió a contarle a mi esposa varias veces: "Papito me dejó caer", y con ello se creó un nivel de explicaciones muy diferente.

Ahora, en lugar de trepar a algún lugar y decir: "Atrápame,

papito", su nueva frase es: "No me dejes caer, papito". Su confianza en mí se ha visto afectada. Lo que pensaba que jamás podía pasar, pasó y ese desenlace inesperado le ha dado una perspectiva completamente nueva.

¿Qué le sucede a usted cuando las cosas no resultan como esperaba? En muchos aspectos, la vida puede hacer que uno sienta lo mismo que mi hija al caer al suelo. Ese resultado hará que su confianza se sienta golpeada. Tal vez quiera volver a intentarlo, pero ahora hay un elemento de duda y temor en cuanto a lo que podría resultar esta vez.

De repente, su conducta es un tanto más cauta. En vez de tomar la decisión y arremeter, su aprehensión crea una incertidumbre que afecta todo lo que haga. Esta nueva perspectiva podría ser un gran obstáculo para quien quiere vivir a pleno potencial y, en casos extremos, podría redefinir a la persona. Después de todo, a nadie le gusta volver a sufrir, ni volver a sentir la decepción y la desilusión de ese momento. No quiere uno sufrir el dolor del fracaso una vez más y, en un esfuerzo por evitar tal pena, pierde su identidad.

Antes de permitir que la vida le robe su confianza en lo que puede ser y hacer, tendrá que responder una pregunta: ¿Cómo puedo esperar el éxito si no espero que me suceda nada bueno?

Los que soportan con éxito, aun las cosas más difíciles, tienen una actitud confiada que impacta en todo lo que hacen. ¿De dónde proviene ese tipo de confianza? ¿Cómo puede uno conseguirla en la vida? Antes de seguir, tenemos que definir lo que significa realmente vivir con confianza en lo que uno puede ser y hacer.

Una vida de fe

Vivir con confianza significa llevar una vida de fe. La palabra confianza se forma por la unión de dos términos latinos: *con* —cuyo significado es igual en castellano— y *fidio*, que quiere decir fe. Así, tener confianza significa vivir con fe.

Algunos viven con fe en sí mismos, en tanto otros pondrán su fe en la educación y el intelecto, y aun otros en los recursos financieros y la riqueza. Si son estas las bases de su confianza, tendrá que saber que tarde o temprano su fe se verá derribada, sino destruida. Si quiere crecer cuando otros tambalean, *entonces su confianza y su fe solo podrán estar puestas en un lugar, y ese lugar está en Dios.* Todos los demás recursos pueden fallar. Pero Dios jamás ha fallado.

Vivir con confianza es redescubrir su verdadera identidad, algo que las circunstancias de la vida intentarán robarle. Como mi pequeña hija, que pensaba que yo estaría esperando para atajarla, tal vez su fe ha sido golpeada y ha pasado de hablar con confianza y expectativa: "Atrápame", a sentir miedo y gritar: "¡No me dejes caer!".

El niño que mi padre conoció en el portón del orfanato aquella mañana, en Houston, había llegado al punto en que solo necesitaba que lo abrazaran, no importaba quién lo hiciera. Tal vez usted se encuentre en esa misma situación. Los inesperados giros de la vida podrán crear una serie de preguntas que le hacen temblar, al punto que se aferrará a lo que sea.

La forma en que responda esas preguntas difíciles determina si seguirá adelante o renunciará. Cuando su fuente de confianza en tiempos de incertidumbre radica en la seguridad de lo que Dios es, no importa cuán grande sea la pregunta, siempre tendrá una contestación todopoderosa. Este tipo de respuesta siempre le recordará para qué le creó Dios, y cuál es el plan de Él para su vida, de manera que jamás pierda de vista su identidad, por mucho que se estremezca el mundo.

La vida suele robarnos nuestra identidad. En algunos casos, sucede a temprana edad, con trauma emocional en la niñez, con un divorcio que divide a su familia o con una relación que se torna abusiva.

También el fracaso suele robarnos nuestra identidad, ya sea que fallemos en lo personal o en lo profesional. El fracaso puede hacer que uno se pregunte si alguna vez podrá volver a tener éxito. Hay momentos en que las personas establecen para sí metas poco realistas y no importa hasta dónde lleguen a escalar, sienten que no han logrado todo lo que se propusieron, y que lo conseguido, poco vale. No importa cuál sea la causa, el resultado será una falta de confianza y en algún punto del camino de la vida, sencillamente uno olvida quién solía ser.

Si quiere crecer cuando otros tambalean, *entonces su confianza y su fe solo podrán estar puestas en un lugar, y ese lugar está en Dios.*

He visto que este "robo emocional de la identidad" cambia tanto a la persona que ya no siente confianza en su capacidad para tomar decisiones sencillas. Parecen estar en jaque mate y preguntándose qué podrán hacer. Algunos ya ni tienen esperanzas en que pudiera sucederles algo bueno, al punto que ya no distinguen lo bueno de lo malo. Todo se ve y se siente igual: sin esperanza alguna.

Para otros es difícil confiar en otra persona y suelen sentir sospechas en cuanto a que todo el mundo está en contra de ellos en lugar de velar por ellos. Si es esto lo que le está sucediendo a usted, sepa que no es el único. En ese mismo lugar han estado muchísimas personas realmente grandes, y Dios aun así las usó de manera poderosa. Pasaron por golpes tremendos —físicos, emocionales y espirituales—, pero no fueron destruidas.

Nunca más volveré a hacerlo

De todas las figuras que han honrado el escenario de la historia humana, no puedo pensar en mejor ejemplo que el de Moisés. Moisés sufrió terriblemente la falta de confianza debido al robo emocional de su identidad. Para poder entender qué tan profundo había enterrado Moisés a su verdadero ser, tenemos que comparar una poco conocida descripción suya en Hechos 7:20-25, con el hombre a quien vemos presentando excusas en Éxodo 3.

Cuando leemos la historia de Moisés en Éxodo 3, lo vemos discutiendo con Dios. Podemos leer sus argumentos en Éxodo 3:11—4:17, donde pregunta:

- ¿Quién soy yo?
- ¿Qué diré?
- ¿Y si no me creen ni escuchan mi voz?
- ¿Y si dudan?
- ¿No puedes enviar a otro?

Si yo pensara de ese modo antes de subir al púlpito el domingo, no podría dar siquiera mi nombre ni mi dirección. En Éxodo 4:10 empezamos a ver la verdad que resalta y muestra la falta de confianza de Moisés en lo que podía llegar a ser o hacer. Veamos:

> Entonces dijo Moisés a Jehová: ¡Ay, Señor! nunca he sido hombre de fácil palabra, ni antes, ni desde que tú hablas a tu siervo; porque soy tardo en el habla y torpe de lengua.

Y es aquí donde tenemos que pasar al capítulo siete de Hechos para ver quién era Moisés antes de salir de Egipto. Era, en efecto, un hombre elocuente y capaz de alcanzar grandes logros. Cuando vivía en Egipto, vivía con confianza y fe en sí mismo. La educación que recibió se describe así: "Y fue enseñado Moisés en toda la sabiduría de los egipcios; y era poderoso en sus palabras y obras" (Hechos 7:22). Tenía abundantes recursos. Fue criado en la realeza —como príncipe de Egipto— por la hija del faraón (v. 21). Era, en efecto, confiado, educado y se conducía con potencia de palabra y hecho. No era un pastor de ovejas ignorante y rudo, aunque en Éxodo 3-4 podría parecérnoslo.

¿Cuál es el problema, entonces? ¿Qué fue lo que le hizo cambiar?

Descubrimos en el capítulo siete de Hechos que la fe de Moisés había recibido un duro golpe. Había puesto toda su fe en sí mismo, en todo aquello de lo que era capaz, en aquello que pensaba que podía hacer. Eso hizo que tomara las cosas en sus propias manos y asesinara a un egipcio a quien había visto azotando a un esclavo israelita (Hechos 7:24).

Moisés se alejó de ese acto de violencia y pensó: "¡He hecho algo grande! Apuesto a que los israelitas de Egipto realmente me apreciarán por ello. Después de todo, han estado marchando en las canteras y produciendo ladrillos durante cuatrocientos años, y yo he sido criado como parte de la realeza. Así que, matar a un egipcio mejorará las cosas ¿correcto?".

¡No, incorrecto!

Al día siguiente, Moisés andaba por las canteras y vio a dos israelitas peleando. Decidió intervenir, por lo que ellos le enfrentaron: "¿Quién te crees que eres, niño rico?". Lo que dijeron en realidad fue: "¿Quién te ha puesto por gobernante y juez sobre nosotros? ¿Quieres tú matarme, como mataste ayer al egipcio?" (vv. 27-28).

**La vida tiene maneras de robarnos
nuestra identidad.**

Al oír esas palabras, una ola de temor invadió a Moisés. Corrió tan rápido como le llevaban sus pies, huyendo de todo aquello en lo que había depositado su fe y su confianza, lejos de su posición en la familia real, lejos de su educación e influencia, de su riqueza y su poder. Con cada paso que daba, internándose en el desierto, se distanciaba cada vez más de lo que solía ser. Perdió por completo la confianza en quién era él. La inesperada respuesta le robó su identidad.

Cuando le vemos nuevamente, cuarenta años más tarde, cuando Moisés mantiene su famosa conversación con la voz en la zarza ardiente, no oímos a un hombre poderoso en palabras y hechos, sino a uno que siente terror de volver a intentarlo. Daba una excusa tras otra, en cuanto a por qué no era él el adecuado. Finalmente, le dijo a Dios: "Señor—insistió Moisés—, te ruego que envíes a alguna otra persona" (Éxodo 4:13, NVI). Moisés había sido víctima del robo de identidad.

Si entráramos en el campamento de Jetro, con Hechos 7

como perfil de la personalidad de Moisés, Jetro nos diría: "Hay aquí un hombre con ese nombre, pero no se parece en nada al que usted describe". Y agregaría: "Nuestro Moisés es bastante callado. Y tartamudea un poco. Se contenta con cuidar ovejas y andar con su cayado. Si conoce algún súper secreto de las mentes más brillantes de Egipto, por cierto no nos lo ha dicho".

A lo que responderíamos: "Pero el perfil de Moisés que yo leo dice que es un hombre 'poderoso en sus palabras y obras'" (Hechos 7:22).

La respuesta de Jetro muy probablemente sería: "Hmmm, tal vez estés hablando sobre un Moisés, pero no creo que se trate del nuestro. Es otra persona, seguramente".

¿Cuál era el problema? Que Moisés permitió que su fracaso lo redefiniera. ¿Ha hecho usted lo mismo? ¿Ha dejado de vivir con confianza y fe? No puede permitir que los fracasos del ayer y las dificultades de hoy le roben su identidad. No puede permitir que el fracaso lo redefina. *Usted* tiene que redefinir lo que es el fracaso.

El fracaso no tiene por qué ser el final del camino, ese lugar donde se pierde toda esperanza. El fracaso no es más que el final de una oportunidad y el comienzo de la siguiente. Recuerdo haber leído un artículo sobre Thomas Edison, el inventor de la bombilla eléctrica. Le preguntaron acerca de sus reiterados intentos y respondió: "No fracasé. Sucede que encontré diez mil formas en que no resultará".

Cuán profunda perspectiva de lo que algunos definirían como fracaso. Edison sabía cuál era su objetivo y no iba a permitir que unos pocos errores le impidieran conseguir su propósito. Consideraba que cada error era un paso más que le acercaba al premio.

Actitud con potencial

¿Cómo se recupera entonces la confianza en lo que uno puede ser y hacer? Veamos el resto de la conversación entre Moisés y el Señor allí, en la zarza ardiente. A pesar de todas las excusas que presentó Moisés, Dios le aseguró una y otra vez. "Yo iré contigo", "Yo Soy te ha enviado".

El mensaje para Moisés era bastante sencillo. Jehová Dios le decía a Moisés: "La última vez que lo intentaste, lo hiciste con confianza en ti mismo y en nadie más. Esta vez, será con confianza en mí y nada más que en mí".

La primera vez que Moisés caminó por las calles de Egipto, su fe residía en su limitada capacidad. Esta vez, entró en el salón del faraón con fe en el ilimitado poder del Todopoderoso. Con un cayado en una mano y con Dios en su corazón, Moisés tenía una actitud de confianza, tanta como para cambiar el mundo. Había vuelto a ponerse en contacto con su origen. Sus prioridades ahora estaban bien ubicadas y a los ochenta años, Moisés estaba comenzando a tomar decisiones que le llevarían a su destino. De veras, nunca es demasiado tarde para empezar a vivir con todo nuestro potencial.

El fracaso no es más que el final
de una oportunidad y el comienzo
de la siguiente.

Tal vez sienta usted que no tiene lo que hace falta para lograrlo, como le sucedía a Moisés. Quiero asegurarle que está equivocado. Porque proviene del mismo origen que él. El mismo Dios que tenía un plan y un destino para Moisés, tiene un plan y un destino para usted. Aunque puede tener muchísimas excusas potenciales, quiero asegurarle que Dios ya ha tomado en cuenta todo eso y que su gracia basta para compensar todo aquello que pudiera faltarle a usted.

Aunque le falte confianza, no le faltarán recursos, siempre que Dios esté a su lado. Lo único que tenía Moisés era un cayado, pero el poder sobrenatural de Dios hizo que no fuera un palo cualquiera. Eso era todo lo que tenía en la mano, y todo lo que podía ofrecer, pero bastó y sobró para que cumpliera con su tarea. Tenga suficiente fe en Dios como para poner en la mano de Él lo que hoy tiene usted en la suya, y vea qué es lo que hace Dios con ello. Cuando lo haga, habrá adquirido un sentimiento de verdadera confianza, una actitud con potencial real.

No hay pobreza que pueda vencer a la diligencia.

PROVERBIO JAPONÉS

ADMINISTRE SUS RECURSOS CON DILIGENCIA

¿Qué se puede conseguir por dos dólares?

Cuando mi padre le entregó su corazón al Señor en enero de 1958, sentía que Dios le guiaba a entrar en el ministerio, por lo que en el término de una semana se inscribió en el Instituto Bíblico del Sudoeste, en Waxahachie, Texas, hoy conocido como Universidad de las Asambleas de Dios.

El día que dejó su casa, sus padres pusieron sus ahorros, setenta y cinco dólares, en su cuenta y le informaron que cuando hubiera gastado esos setenta y cinco dólares ya no podrían seguir ayudándole. En esa época se permitía que los estudiantes pagaran sus estudios cada seis semanas. El dinero que le dieron a mi padre le permitía pagar las primeras seis semanas de escuela, y suficiente queso y mortadela como para no morir de hambre, hasta tanto pudiera hacerse algún otro arreglo. Mi padre sabía que tendría que trabajar, por lo que necesitaba encontrar empleo rápido.

Sucedió que el mejor empleo que encontró era el único que había: trabajar en la fábrica de muebles de la iglesia. Pero había una lista de espera que daba prioridad a los estudiantes más avanzados. Como mi padre recién ingresaba, tenía muy pocas probabilidades o ninguna de que lo contrataran, pero calculó que nada perdería con ir a preguntar. Por supuesto, lo rechazaron. Le dijeron que no estaban empleando gente y que, además, él ni siquiera figuraba en la lista de espera.

Pasó una semana, y luego dos, que enseguida se hicieron tres. Los fondos, magros, se desvanecían y la fábrica de muebles de la iglesia todavía no contrataba empleados nuevos. Mi padre, a pesar de la respuesta del capataz, que era siempre la misma persona, persistió en ir a verlo semana tras semana: "¿Están aceptando gente?", preguntaba. Y todas las veces recibía la misma repuesta: "¡No!".

El inevitable fin parecía inminente y, aun así, mi padre seguía haciendo planes para su futuro. Si su situación no cambiaba, había decidido que su única oportunidad sería enrolarse en el ejército. Después de todo, no tenía razón para volver a casa. Pasó la quinta semana y luego la sexta. Ni noticias del empleo ni se avizoraba respuesta alguna.

Llegó el último fin de semana y mi padre tendría que presentarse en la oficina de admisiones el día lunes para informar que dejaría de estudiar. Pasó ese sábado lavando autos bajo el frío del norte de Texas, por apenas cincuenta centavos la hora. Febrero no es el mejor mes para lavar autos, ni para trabajar al aire libre en Waxahachie. Me contó muchas veces que fueron los dos dólares que más le costó ganar.

Después de volver a su dormitorio en la universidad, y de cambiarse de ropa, empacó y se preparó para partir. Se detuvo en la capilla del recinto para oír a Charles Greenaway, recién llegado de una misión a África. El misionero mostraba diapositivas de la gente a la que había estado ministrando, y hablaba de su gran necesidad y de lo poco que tenían en realidad. El servicio continuaba y el Señor comenzó a moverse, indicándole a mi padre que diera todo lo que había ganado en ese frío día de invierno.

Puedo asegurarle que lo que siguió fue ¡una intensa discusión entre Dios y mi papá!

— ¡Es lo único que tengo!

— Dalo.

— ¡Es lo único que tengo!

— Dalo.

— ¡Es *LO ÚNICO QUE TENGO*!

— *¡DALO!*

Llegó el momento de la verdad, y mi padre obedeció. Le he oído decir que apretó esos dos billetes en su mano hasta que le destiñeron los dedos. Sin duda, le costó mucho darlos.

En un momento así uno esperaría que el testimonio terminara con cielos que se abren, con ángeles que cantan y con una potente voz que desde la altura dice algo profundo, afirmativo. Pero no sucedió nada de eso. John Hagee volvió a su dormitorio totalmente en quiebra y sintiéndose muy enfermo. No tenía todavía respuesta alguna para las dificultades a las cuales se enfrentaba. No podía seguir estudiando y no había lugar donde ir, a excepción del ejército.

Llegó el domingo y ese día no hubo cambio alguno. En la mañana del lunes se dirigió a la oficina para informar que tendría que irse.

Pero decidió pasar por la fábrica una vez más. "¿Saben?, pensé en pasar por aquí y darles otra oportunidad para que me contraten", dijo con una sonrisa traviesa.

El gerente de la fábrica sonrió y respondió diciendo: "Esta mañana renunció un empleado y no he visto a nadie que tenga tu determinación y diligencia. ¿Cuándo podrías empezar?". Papá se negó a cambiarse de ropa o a separarse de aquel hombre. Se puso un delantal de carpintero y fue directamente a su puesto de trabajo. El ingreso al menos le permitiría estudiar y apenas alcanzaría para algo más.

Lo que contaré ahora son cincuenta años de historia en el ministerio, en apenas unas líneas. A las dos semanas de haber empezado a trabajar, le pidieron a John Hagee que subiera al púlpito por primera vez. Expuso un mensaje ante un grupo de jóvenes en una pequeña iglesia de Dallas. Esa noche, el pastor principal estaba allí y oyó a mi padre; al terminar el servicio, le invitó a contar el mismo mensaje a su congregación, el domingo siguiente por la mañana.

Papá aceptó la oportunidad, suponiendo que se trataría de un único servicio. Pero durante su mensaje, muchas personas decidieron entregar sus vidas a Cristo y nació un reavivamiento clásico pentecostal.

Durante tres semanas, todas las noches,

papá terminaba con sus tareas de la universidad, iba a la mueblería y trabajaba hasta la hora del cierre. Luego se duchaba, se cambiaba la ropa y conducía el auto hasta Dallas, para el servicio de la noche. Al cabo de tres semanas estaba tan cansado que le dijo al pastor: "Haga usted lo que quiera mañana por la noche, pero yo estoy demasiado cansado como para venir".

Esa noche, la pequeña iglesia de Dallas reunió la ofrenda para el joven que les visitaba noche tras noche, y volvió a casa con ¡trescientos dólares! La situación era muy diferente a la de tres semanas atrás, en que tenía solamente dos dólares. Con esa pequeña fortuna mi padre sentía que podría pagar la primera cuota de lo que fuera, ¡incluyendo el mundo entero!

La historia, por supuesto, no acaba allí. El pastor que lo había invitado para que hablara en su iglesia, lo invitó también para predicar en una reunión seccional de pastores semanas más tarde. En esa oportunidad, John Hagee, con sus dieciocho años, subió al púlpito como un desconocido predicador con muchísimo potencial. Al salir, le habían comprometido para hablar en diversos lugares durante los siguientes dieciocho meses.

Sus estudios estaban cubiertos ya, y la mortadela y el queso se vieron reemplazados por cena caliente en la cafetería. Ya no pasó necesidad mientras duró su capacitación para el ministerio.

Cincuenta y un años más tarde, los Ministerios John Hagee están presentes en los comunicación de medios de todas las naciones del mundo. Dios ha sido fiel en darnos más de lo que podemos contener. Las lecciones que papá aprendió siendo joven siguen siéndole de bendición en nuestros días. La obediencia a Dios y la ética del trabajo diligente son las piedras angulares de la forma más sólida de administrar las finanzas y la vida.

Ahora, ¿podría decirme dónde, sino con Dios, puede conseguirse todo eso por solamente dos dólares?

¿QUIÉN CONTROLA LA CHEQUERA?

Los principios que ha leído en el capítulo 4 —la disciplina, el deber y la devoción—, tienen que ser ingredientes muy reales en su vida antes de que puedan tener efecto las verdades económicas que presenta este capítulo.

El tema principal en cuestión de dinero, que hay que resolver todo el tiempo, es *¿quién lo controla?* Casi toda batalla económica que he observado, cualquiera sea el nivel, tiene que ver con el control.

Cuando dos empresas ubican sus productos lado a lado

sobre la estantería del mercado, están peleando por controlarlo. Cuando los diputados y autoridades elegidas se reúnen con los principales actores del mundo, todo gira en torno a quién controla el comercio y el tesoro.

Podrán usar palabras elegantes como *estímulo, desarrollo* y *ayuda*. Pero en verdad, no se trata de la asistencia y la ayuda, sino de control.

Considere ahora la mayoría de las discusiones que ha habido en su hogar, en términos de dinero y finanzas. Lo que se discute en realidad no es cuánto se puede o no se puede comprar o pagar, sea que lo quiera usted o su cónyuge. Se trata de quién está al mando de la chequera. ¿Quién está al mando del dinero en su casa?

Toda mi vida mi padre me dijo: "Hijo, o dominas al dinero o el dinero te domina a ti". Si no está administrando su dinero con obediencia y diligencia descubrirá que el resultado es el caos económico, lo opuesto al control. Será el tipo de caos que hace que las compañías de tarjetas de crédito disfruten de su salario más que usted. Ese caos no refleja la definición bíblica de lo que es el éxito, pero sí parece definir a muchos estadounidenses exitosos de hoy.

Piense en el breve pero intenso diálogo de mi padre con Dios en la capilla de la escuela aquella mañana. Dos dólares no servían para comprarse un boleto para dejar la ciudad, pero como era todo lo que tenía, mi padre no quería perder el control de su fortuna. Si se hubiera guardado lo que tenía, manteniendo el control de su dinero, no sé dónde estaría hoy. Pero como estuvo dispuesto a ser obediente y dar lo que tenía, puedo decirle que el lugar donde Dios le ha puesto solo puede definirse como milagroso.

Recuerde esto: No controlamos nada. Estamos aquí como administradores. Si fingimos que somos propietarios, nos estamos desconectando de Dios y chocaremos de cabeza con Él, nuestro proveedor. No estamos aquí para controlar dinero. Estamos aquí para administrarlo.

Por eso, el día en que dejé mi casa para ir a la universidad, decidí estudiar administración de negocios. En casa teníamos ya a mi padre como profesor de teología y él podría enseñarme todo lo que necesitaba para el ministerio. Lo que yo necesitaba de veras era entender cómo administrar el dinero. Y por lo que se ve de nuestra crisis económica actual, hay mucha gente en el mundo a quien le vendría bien estudiar un poco de administración también.

El dinero, a veces, se considera tema prohibido. Muchas veces, la gente antepone una disculpa a la mención del dinero: "Si no te ofende mi pregunta…" y luego quieren saber "¿Cuánto….?" o "¿Qué hiciste…?", o "¿Podrías decirme…?" como si la pregunta sobre lo económico que están por hacer fuera ofensiva, inadecuada o desubicada. Es absurdo tratar el tema del dinero con esta perspectiva. No importa quién sea usted o en qué trabaje, si por sus servicios le pagan, en este mundo moderno esa paga será en dinero.

Para ilustrar esto quiero mencionar que cada primavera tengo ante la puerta de mi oficina una larga fila de jóvenes que vienen a pedir consejo sobre qué carrera escoger. Preguntan: "¿Qué puedo estudiar?", "¿A qué universidad tendría que ir?". Después de contarme sus brillantes planes para el futuro pregunto: "¿Y qué cursos piensas tomar para aprender sobre finanzas y dinero?".

"Bueno, es que… pastor Matt, usted no entiende. Voy a ser médico… biólogo… ingeniero… periodista… veterinario…" y la lista sigue y sigue.

Ante esa respuesta, siempre digo lo mismo:

—Y cuando te paguen por hacer lo que aprendiste en la universidad, ¿cómo te pagarán?

—Con dinero —responde.

—¿Y qué harás con ese dinero con que te pagan?

A esta pregunta, suelen responder de maneras diferentes:

—Ummm… bueno… —o directamente—: No lo sé.

Toda la industria de la administración de la riqueza se apoya en un solo hecho: la gente sabe cómo *ganar* dinero, pero no cómo *administrarlo*.

Muchos son los que saben de muchas cosas y cuentan con información sobre temas diversos, pero en cuanto al dinero puede decirse que no saben nada. Esto tiene que cambiar, y pronto.

La administración de los recursos

Cuando de finanzas se trata, usted tiene un papel que desempeñar, claro está. Pero esa función tiene que estar en una relación adecuada con su Padre celestial, el proveedor de todas las cosas. Para que eso ocurra, necesita entender el sistema económico de Dios y la parte que a usted le corresponde en ello.

Dios quiere que usted sea su administrador de recursos aquí en la tierra. Como administrador de lo que es propiedad de Dios, usted hace lo que Él le instruye porque todo le pertenece. A quienes demuestran ser capaces como administradores, el Señor les da la promesa que encontramos en Deuteronomio 28:13: "Te pondrá Jehová por cabeza, y no por cola; y estarás encima solamente, y no estarás debajo". Este versículo no tiene nada que ver con la posición o puesto, sino con quién es el que está al mando. Si uno es la cabeza, es quien está al mando y allí es donde el Señor quiere que estemos en términos económicos: al mando. ¿Cómo llegar a ese lugar?

Ante todo, ponga cada cosa en su lugar. Recuerde que no es usted el origen, sino Dios. Usted es administrador de las cosas de Dios. Por definición, el administrador o *mayordomo* es quien se encarga de los recursos y provisiones de su jefe. Allí es donde Dios quiere que esté usted aquí en la tierra, como administrador de las cosas de Él.

Recuerdo la primera ocasión en que mi familia y yo fuimos de crucero. El primer día que abordamos, un hombre se presentó muy educadamente diciendo que era el mayordomo de nuestra cabina. Durante los siguientes siete días, no sé si durmió o dónde lo hizo. Pero cada vez que girábamos la cabeza lo veíamos.

Si dejábamos la habitación durante cinco minutos, se las arreglaba para entrar a ordenarla. Jamás supimos dónde estaba su entrada secreta, pero era asombroso, ¡nada se le pasaba por alto! Durante todo el viaje nunca tuvimos que pedir nada. Era como si nos leyera el pensamiento; lo que podríamos haber pedido estaba allí antes de que se nos ocurriera solicitarlo.

Era diligente en la administración de los recursos asignados a nuestro camarote. Y nosotros éramos beneficiarios de sus incansables esfuerzos. Cada vez que estudio el tema de la mayordomía pienso en ese hombre y en que Dios espera de mí el mismo tiempo de rendimiento en términos de lo que Él ha confiado en mis manos.

Hay personas que se ponen nerviosas si uno menciona a Dios y al dinero en una misma oración. Pero para ser justos, uno no puede hablar en serio sobre dinero si excluye a Dios de la conversación. Hageo 2:8 declara: "Mía es la plata, y mío es el oro, dice Jehová de los ejércitos". Así que, cuando hablamos de dinero estamos hablando de algo que de todos modos le pertenece a Dios. Después de todo, fue Él quien le dio a usted la capacidad, fuerza y poder para obtener el dinero: "Sino acuérdate de Jehová tu Dios, porque él te da el poder para hacer las riquezas" (Deuteronomio 8:18).

Recuerde lo siguiente: Nosotros no controlamos nada. Estamos aquí como administradores.

Así que, si Dios fue quien le dio a usted poder para obtener el dinero y permitió que lo tuviera, ¿no cree que es justo que cuando hablamos de ese tema le incluyamos también? Lo diré de otro modo: Él es el dueño de todo, y le ha confiado sus pertenencias a usted. La pregunta más importante que podrá formularse es: "¿Qué tan bien estoy administrando los recursos del Jefe?".

Personalmente, esta es una pregunta que me causa entusiasmo. Porque cuando pienso que soy el administrador de Aquel que posee ganado en miles de colinas, que enterró cada piedra preciosa, y que es dueño de toda la plata y todo el oro, siento que debo exclamar: "¡Mi trabajo es genial!".

Cuando uno absorbe este principio comienza a ver que en realidad no importa qué es lo que ocurre en el mundo. Podemos tener éxito en cualquier entorno económico puesto que Dios es el origen que yace tras nuestros ingresos. Cuando lo administramos como Él quiere, será Dios quien personalmente se ocupe de ver que recibamos más.

"Y probadme ahora en esto, dice Jehová de los ejércitos, si no os abriré las ventanas de los cielos, y derramaré sobre vosotros bendición hasta que sobreabunde".

—MALAQUÍAS 3:10

Cuando usted tiene más de lo que puede recibir, tiene la posibilidad de formar un fundamento económico estable que soportará cualquier tipo de inseguridad financiera.

Antes de que esta fortaleza económica pueda ser realidad, tendrá que abandonar todas sus teorías económicas humanas y centrar la mente en la ley económica de Dios. El ser humano tiene muchas teorías. Está el comunismo, que dice que todo es propiedad del estado. Está el capitalismo, que dice que el ciudadano es dueño de todo. Y en medio, tenemos muchas otras teorías, cada una con sus matices. La verdad es que hay una sola ley económica que necesita memorizar, y es la ley económica del reino, que declara que el dueño de todo es Dios.

Cuando uno reconoce esa verdad, halla gran gozo en hacer lo que Dios quiere que se haga con los recursos que nos da. "Dios ama al dador alegre" (2 Corintios 9:7). Uno puede ser un dador alegre si entiende totalmente de dónde provienen sus recursos y cuál es el propósito que hay tras ellos.

El propósito principal de Dios con los recursos de Él en la vida de las personas, es que pasen por nosotros y no que se queden en nuestros bolsillos. No somos agencias de recaudación, sino centros de distribución. Cuanto más ve Dios que distribuimos, más estará dispuesto a enviarnos ya que sabe que haremos lo que Él quiere que hagamos.

"Dad, y se os dará" (Lucas 6:38). El texto dice luego que con la misma medida que damos, Dios nos dará. Si damos con gotero, Él nos dará con gotero. Del mismo modo, si damos a raudales, Él nos dará a raudales. Cuanto más ve Dios que distribuimos sus recursos, más confianza nos tendrá como administradores suyos.

Un Dios que satisface necesidades

Entienda que Dios siempre se ocupa de satisfacer necesidades. Él ha prometido reiteradas veces a sus hijos que será quien provea para cada una de sus necesidades. A Dios le gusta particularmente utilizarnos como agentes suyos para cumplir con esa tarea. Cuando respondemos con obediencia en lo financiero, distribuyendo sus recursos para ayudar a satisfacer las necesidades de los demás, Él se ocupa personalmente de que se vean satisfechas las nuestras.

Considere el relato de 1 Reyes 17:8-16. El mundo pasaba por una época de dificultades económicas y Dios envió a su profeta Elías a casa de una mujer soltera que preparaba la última comida para su único hijo. Elías se atrevió a pedirle a la mujer que le diera su último bocado de pan, y esta se lo dio. Esa acción fue inesperada, ya que en un momento de derrumbe económico en que la sabiduría convencional y el instinto material le habría indicado: "Consigue todo lo que puedas y guarda todo lo que consigas", la mujer le dio su último bocado a ese predicador hambriento, y él se lo comió de buena gana. Ahora, claro está, tenemos el resto de la historia: el beneficio.

Las vasijas de comida de la mujer se llenaron de nuevo milagrosamente, y su vasija de aceite no se secó. Ella, su hijo y Elías tuvieron provisión sobrenatural durante toda esa época en que el mundo sufría escasez y hambre. ¿Por qué? Porque la mujer había estado dispuesta a ser obediente y diligente con los recursos que Dios le había confiado.

El propósito principal de Dios con los
recursos de Él es que pasen por su
vida, no que se queden con usted.

Ya puedo figurarme a la mujer, arrodillada junto a la cama
de su hijo y orando porque sabía que pronto se quedarían
sin comida y sin aceite. Al acabarse la comida, no tendrían
nada y morirían de hambre. Puedo oír su ruego angustiado:
"Dios, por favor, ayúdame. Si no haces que podamos comer,
moriremos de hambre. Mi bebé tiene hambre y no merece
esto, pero yo me esfuerzo por lograr alimentarlo con lo poco
que tengo. Necesito que me ayudes con todo lo demás".

Sé que la mujer jamás habría esperado, ni en sueños, que
la respuesta de Dios fuera el estómago de un predicador
con hambre, pero sus caminos no son los nuestros. Cuando
ella dio lo que tenía, su Proveedor celestial le dio más de lo
que podría haber imaginado jamás. La mujer estaba derribada, pero no destruida. Tenía hambre, pero no murió de
inanición. Hizo un sacrificio y su recompensa fue más que
suficiente para satisfacer sus necesidades.

De todos los principios que nos brinda esta ilustración,
hay uno que se destaca. Cuando se trata de dar, Dios mide el
peso del sacrificio y no el tamaño del cheque.

Siempre me asombra ver que alguna organización multi-
millonaria aparece en primera plana por haber dado unos
pocos cientos de miles de dólares. No me malentienda. Estoy
seguro que fue un buen momento para quien lo recibió. Pero
casi siempre, ese cheque ni siquiera ha hecho mella a la organización, *en comparación con lo que podrían haber hecho*.

Cuando traducimos la palabra *dar* al hebreo, vemos que

uno de los sinónimos es *dolor*. ¿Por qué? Porque en ciertas culturas no se considera que se "da", si no duele. Sin duda, para la viuda de Sarepta fue tan doloroso prepararle comida a Elías como verlo comer. Imaginamos el nudo que habrá sentido en la garganta al verter en el tazón la última gota de lo que tenía para comer. Habrá pensado: "Aquí va lo último... ¿y ahora?". Recuerde, sin embargo, que lo que importó fue el tamaño de su sacrificio y no la cantidad que dio.

Luego está la viuda del Nuevo Testamento que se atrevió a dar cuando otros pensaban que no serviría de mucho (véase Marcos 12:41-44). Jesús y sus discípulos estaban en el templo y las personas pasaban a presentar sus ofrendas al Señor. Jesús observó el *desfile de orgullo* que pasaba: un pomposo fariseo tras otro, presentando sus *regalos* al Señor. La religión hace que la gente se crea importante.

Entonces se acerca una figura poco importante —que no va vestida como los demás— que no tiene ese aire de arrogancia egoísta de quienes la rodean. Uno habría esperado que la mujer *pidiera limosna* en vez de venir a dar algo. Pero vemos que siembra, como los demás, como si fuera parte de su clase social. Lo único que dio fueron dos monedas, de las de menor valor en ese tiempo. Sumadas, esas dos monedas equivalían a menos del centavo que vio usted tirado en la calle hace poco y ni siquiera se molestó en levantar.

Ante el sacrificio de la mujer, Cristo señala esta verdad a sus discípulos: "De cierto os digo que esta viuda pobre echó más que todos los que han echado en el arca; porque todos han echado de lo que les sobra; pero ésta, de su pobreza echó todo lo que tenía, todo su sustento" (Marcos 12:43-44).

No es el tamaño del cheque, sino el lugar de donde proviene. Cuando usted da, ¿lo hace con el corazón o con su billetera? Tal vez cause buena impresión en los demás, pero si no da de corazón, no impresionará a Dios.

¿CUÁNTO ES DEMASIADO?

La economía de Dios se mueve *según la necesidad*, no *según la codicia*. Hay gente que siente un falso sentimiento de culpa cuando se trata de sus posesiones materiales, puesto que intentan aplicar la perspectiva humana al sistema económico de Dios. Lo primero que tiene que saber usted sobre la cantidad de dinero que tiene, es que jamás tendrá lo suficiente como para impresionar a Dios. No hay hoja de balances, por grandioso que sea el resultado, que pueda maravillar a Dios. A Él no le preocupa tanto cuánto tiene usted, sino cómo lo administra.

Veamos el caso de Salomón. Tenía tanta riqueza que las bisagras del portón del establo donde dormían sus caballos, ¡eran de oro! ¿Era eso un problema para Dios? Claro que no. Dios usa el oro como asfalto. Aunque es cierto que Salomón tenía cosas muy caras en su palacio y en la sala del trono, no escatimó en gastos al construir una casa para Dios. Es más, Salomón afirmó: "Y la casa que tengo que edificar, ha de ser grande; porque el Dios nuestro es grande sobre todos los dioses" (2 Crónicas 2:5). El asunto es que Salomón era de los que dan.

Cuando se trata de dar, Dios mide
el peso del sacrificio, no el tamaño
del cheque.

Cuando Dios ve que usted está dispuesto a cubrir necesidades con los recursos que le da, usted recibe más. Recuerde la ecuación bíblica que mencioné anteriormente. Cuantas más necesidades satisfaga, más bendiciones recibirá. La perspectiva de Dios en términos de prosperidad es que usted debiera tener suficiente para satisfacer sus necesidades y para dar a los demás.

Si le pide a Dios diez millones de dólares, debe prepararse para responder una pregunta: ¿Tiene una necesidad equivalente a diez millones de dólares? Si la respuesta es no, entonces su deseo de obtener esa cantidad no tiene nada que ver con el propósito financiero de Dios para su vida.

No olvide esto: Dios se deleita en su prosperidad. Le encanta ver que a usted le va bien y disfruta de lo mejor, pero quiere asegurarse de que usted opera basado en la necesidad, no en la codicia. Tal vez posea lo que el mundo considera una fortuna, o podrá tener lo suficiente como para vivir. Pero no es la cantidad lo que importa. Es lo que hace con lo que tiene.

¿CÓMO DEBO DAR?

Cuando se trata de dar y de administrar, Dios tiene una fórmula que indica cómo quiere que demos. Ante todo, quiere que le demos a Él. La Biblia lo llama "primicias". Hay una cantidad de enseñanzas sobre este tema que no quiero repetir aquí. Lo que sí necesita saber usted sobre las primicias, o primeros frutos, es que en el momento en que damos para Dios, sus bendiciones llegan para todo aquello que tenemos. Por eso, ¿no sería más sensato darle primero a Dios para que lleguen sus bendiciones sobre lo que nos queda?

Cuando Dios es la última persona de la lista, ¿qué queda

entonces, para que Él bendiga? He oído la misma idea, expresada con otras palabras: "Cuando le das a Dios tus sobras, Él te da las suyas".

Lo siguiente que quiere Dios es que demos a su casa: "Traigan íntegro el diezmo para los fondos del templo, y así habrá alimento en mi casa" (Malaquías 3:10, NVI). Después que demos nuestros primeros frutos, Dios quiere que demos una ofrenda, no a una persona sino a su casa. ¿Por qué?

Hay personas que argumentan: "Si conozco a quien tiene necesidad y le doy directamente a esa persona, ¿no estoy haciendo lo correcto?" No lo sé. ¿Está haciendo lo correcto? Quiero presentarle una prueba espiritual que jamás da resultados dudosos.

Si lo que usted hace es de corazón y por las razones adecuadas, su acción dará gloria a Dios, no a usted. Y si da para gratificarse, tendrá que estar al tanto de los problemas que puede causarle tal conducta.

Cuando damos directamente a alguien y recibimos la gloria, nos estamos convirtiendo en proveedores. Dios dice entonces: "¿Así que crees que puedes hacer mi trabajo? ¡Que te vaya bien!". En este caso, quien recibe nos cantará loas por el alivio momentáneo que le hemos dado en un momento difícil. Pero como les entrenamos a acudir a nosotros, y no a su verdadero proveedor, será este solo el principio de una larga lista de problemas que podremos resolver. Tarde o temprano, nuestros recursos no alcanzarán y entonces, ¿adónde acudiremos?

El segundo problema que puede surgir con esta conducta es que uno estará solamente dando *capacidad* a la persona, no *poder*. Los recursos de Dios tienen como propósito dar poder a las personas, para que hagan su voluntad. No son para que tengamos capacidad de arreglárnoslas por un tiempo. La Palabra lo dice con toda claridad: "Si alguno no quiere trabajar, tampoco coma" (2 Tesalonicenses 3:10). El asistencialismo solo enseña a las personas a pensar que tienen derecho a recibir recursos que no son suyos y que no se han ganado. Incluso en el Antiguo Testamento, el Señor siempre previó que se apartaran recursos para los necesitados, pero si querían obtenerlos tenían que trabajar.

Lo vemos en el caso del maná que Dios envió para los hijos de Israel en el desierto. Ellos no preparaban el alimento. Lo hacía Dios. Pero ellos tenían que ir a recogerlo.

En el libro de Rut leemos que ella recogía el trigo de las esquinas del campo de Boaz. La Palabra de Dios prohibía que el dueño de los campos cosechara las esquinas. Debía dejarlas sin cosechar para que los necesitados y los pobres pudiesen recoger esa porción de su cosecha, para alimentarse. No eran ellos los dueños de esa cosecha pero, aun así, debían hacer algún esfuerzo para obtenerla.

Cuando vemos la necesidad de una persona, a veces lo adecuado es dar directamente para satisfacer esa necesidad. Pero cuando damos a una iglesia basada en la Biblia, que administra sus recursos según la Palabra de Dios, será la iglesia la que esté allí para satisfacer esa necesidad y la gloria será para Aquel a quien le corresponde: Dios. Él se ocupará de recompensar la obediencia de usted a su Palabra.

Por ejemplo, en la Iglesia Cornerstone de San Antonio, Texas, tenemos un departamento completo dedicado a la benevolencia. Los fieles miembros de la congregación lo sostienen con sus ofrendas, y la intención es que todo esté allí, disponible para ayudar a los que necesitan.

Una de las principales responsabilidades de ese departamento es identificar qué es lo que ha causado la necesidad y determinar luego un curso de acción que resuelva el problema de manera permanente. La asistencia que se brinda tiene como objeto dar poder a quien la recibe, para que pueda vencer su dificultad. No intenta subsidiarle su carencia.

Si usted quiere el favor de Dios en sus finanzas, lo mejor que puede hacer es invertir lo que tiene en lugares donde Dios tenga oportunidad de crear retorno sobre su inversión. Sé que estará pensando: "¿Qué dice este? ¿Un retorno sobre la inversión?". Dicho de manera sencilla: Cuando uno le da a Dios, Dios se lo devuelve. En Wall Street, eso se llama *recibir retornos sobre la inversión*.

Me encanta el hecho de que cuando uno administra adecuadamente los recursos de Dios es Él quien maneja luego la cartera. Las organizaciones, iglesias y ministerios que predican el evangelio, alimentan al hambriento, ayudan al que no tiene techo y permiten que la luz del amor de Dios brille a través de ellos; son lugares perfectos para invertir. Más allá de lo que decida dar usted, asegúrese de que se vean satisfechas las necesidades prácticas y espirituales de las personas y entonces, obtendrá el favor de Dios con sus finanzas.

Cuídese

Dios no solo espera que usted sea dador y obrero. Quiere que también administre adecuadamente su cuerpo físico.

Como administrador, usted está encargado no solo de los recursos financieros de Dios, sino de sus recursos físicos. Empezando por usted. La Biblia dice que somos el templo del Espíritu de Dios. Jamás lograremos nuestros propósitos, financieros o espirituales, si no nos cuidamos físicamente.

Si quiere ver en acción este principio, en una vida que fue derribada pero no destruida, vea el caso de José. Estuviera donde estuviera, José siempre se ocupaba de cumplir con sus tareas lo mejor que podía. Esa voluntad de dar lo mejor de sí, más allá de sus circunstancias, hizo que lo pusieran al mando, dondequiera que estuviese. Tuvo a su cargo las propiedades de Potifar, hasta en lo más pequeño. Y en prisión fue el encargado de administrar los recursos también. Cuando estuvo ante el faraón, en lugar de escupir veneno, quejándose por las injusticias sufridas, interpretó un sueño del mandatario, que tenía que ver con la administración.

Entonces le dijo al faraón cómo administrar los recursos del reino entero, para poder salvar al mundo (véase Génesis 41). "Durante siete años debemos almacenar una porción y durante siete años usaremos lo que hemos almacenado para vendérselo al mundo". ¡El tipo era muy bueno! El faraón quedó tan impresionado con lo que oía, que dijo: "José, hombre, encárgate de todo ahora".

> Si usted quiere el favor de Dios en sus finanzas, lo mejor que puede hacer es invertir lo que tiene en lugares donde Dios tenga oportunidad de crear retorno para su inversión.

Cuando apareció la familia de José, él tenía más que suficiente alimento para satisfacer sus necesidades físicas. Les dio la mejor tierra de Gosén para sus rebaños y manadas, y supo dominar su corazón, su alma, su mente y su cuerpo al punto de poder abrazarlos y decir: "Vosotros pensasteis mal contra mí, mas Dios lo encaminó a bien" (Génesis 50:20).

Cuando usted emplea adecuadamente los recursos que

Dios le ha dado, tanto física como económicamente, Dios le pone al mando. Y cuando está al mando —encima y no debajo, primero y no último, cabeza y no cola— su proyección financiera será sólida, a prueba de derrumbes.

"No hay persona que, durante un período considerable, pueda mostrar una cara ante la multitud y otra en la intimidad".

NATHANIEL HAWTHORNE

QUE LE IDENTIFIQUEN POR SU INTEGRIDAD

¿Dónde está, Sir Winston?

Para mí, en la era moderna no hay figura histórica más distinguida que Sir Winston Churchill. Incluso aquellos que no conocen su historia y el gran liderazgo que brindó al mundo en un momento de crisis, pueden identificarlo con claridad en imágenes de libros de historia y en museos que cubren las cuatro esquinas de la civilización en las que dejó su marca indeleble.

En el tembloroso y agitado mundo en el que vivimos hoy, es probable que uno se pregunte: "¿Dónde está ahora que lo necesitamos tanto, Sir Winston?".

Cuanto más aprende uno sobre Winston Churchill, más descubre que aunque en los niveles más altos sigue siendo objeto de reverencia, seguramente también tenía ciertas cualidades que lo hicieron ser mucho menos que un santo. Su audacia y su afilada lengua lo ubicaron en un lugar único, como orador y como individuo. Sus discursos a Inglaterra y al resto del mundo llevaron la luz de la esperanza en momentos terriblemente oscuros, y su disposición para tocar los temas más difíciles y delicados lo hicieron invalorable en el tiempo en que sirvió a su generación.

Algunos de los momentos que más aprecio de Churchill no son cuando cumplía el rol de primer ministro o político, son citas de su vida privada. Muchas veces cité su respuesta a Lady Astor, que despreciaba el comportamiento incasto de Winston. En una de sus conversaciones más famosas, se cita a Lady Astor diciendo: "Si yo tuviese que casarme con usted, pondría veneno en mi café".

A lo que él contestó rápidamente: "Si yo tuviese que casarme con usted, me lo bebería".

Es probable que a causa de su audacia muchas veces haya parecido ofensivo; sin embargo, nunca hacía falta adivinar dónde estaba parado. Uno podría desaprobar su conducta, pero al menos respetaría su posición, ya que no había duda de dónde había trazado la línea.

Para mí, a pesar de sus defectos humanos, Sir Winston Churchill era un hombre con gran integridad. Tenía el tipo de integridad que se obtiene a través de los momentos duros, el tipo de integridad que es transparente y que dice: "Le guste o no, esta es la verdad". Era el tipo de integridad que, por desdicha, no se encuentra en estos días, en tiempos en que la necesitamos con tanta desesperación.

La integridad de Churchill no provenía de la prudencia ni de los modales. Provenía de una sinceridad genuina que estaba dispuesta a aceptar cualquier tarea. Winston era un hombre que no tenía nada que esconder, aun cuando uno no quisiera ver lo que estaba dispuesto a exponer. La ilustración que incluyo puede darle una idea de a qué me refiero, exactamente.

En su primer viaje a Washington DC para reunirse con el presidente Franklin D. Roosevelt, Churchill fue atrapado con la guardia baja cuando el presidente entró a su habitación inesperadamente en el momento en que aquel salía del baño, porque acababa de bañarse. Entonces, con el presidente de los Estados

Unidos mirando su cuerpo desnudo, en vez de escapar del momento incómodo y vergonzoso, Churchill dijo: "Entre, por favor, Señor Presidente. Su Majestad, el primer ministro, no tiene nada que esconderle al presidente de los Estados Unidos".

Por gracioso que parezca, la integridad es cuando no se tiene nada que esconder, no importa cuán bueno, malo o feo sea. En verdad, deseo que siguiese habiendo más gente como esa.

¿QUÉ ES LA INTEGRIDAD Y DE DÓNDE PROVIENE?

Hay una palabra muy malinterpretada, que se ha estado aplicando a todo, absolutamente todo, en el mundo. Debido a tal abuso, mucha gente ha olvidado por completo su verdadero significado. Esa palabra es *integridad*. Es un término poderoso que no debería ser utilizado ligeramente.

Integridad, por definición, quiere decir ser alguien sin dobleces. La raíz de la palabra en realidad proviene del término matemático *entero*, que significa una entidad completa. Las personas utilizan la palabra *integridad* para describir a los que consideran que son honestos, leales y confiables. El problema de asignarle exclusivamente estas cualidades a la palabra *integridad* es que cuando alguien no es honesto, leal o confiable, decimos: "Ha perdido su integridad". No pasará mucho tiempo antes de que nos sintamos decepcionados por tantas personas como para que comencemos a preguntarnos si en definitiva queda algo de integridad en el mundo.

Antes de continuar, quiero que sepa que la *honestidad*, la *lealtad* y la *confianza* son joyas preciosas que deberían utilizarse para describir a las personas de integridad. Pero son sólo la mitad de la ecuación. *Integridad* es una palabra que se utiliza para describir a toda la persona, no solo a la mitad buena. Describe tanto a las virtudes como a las falencias. Una persona de integridad es alguien que está dispuesto a ser genuino y sincero, aunque eso implique ser vulnerable y exponer debilidades.

La razón por la cual hoy hay tanta falta de integridad en el mundo es porque esperamos que el otro tenga todas las respuestas. Vivimos en un mundo imperfecto y, sin embargo, siempre estamos buscando a la persona perfecta: alguien que siempre sepa qué hacer y sea capaz de resolver cualquier problema.

Escuche los discursos que dan los políticos cuando optan a un puesto. Oiga cómo estructuran cada línea para parecer como si fueran dueños de la solución perfecta. Utilizan frases hechas, con "gancho" para dar una sensación de confianza que el público espera y luego, una vez que son elegidos y se espera que ejerzan, la realidad de que no tienen todas las respuestas se vuelve una pastilla difícil de tragar.

Ahí es cuando la frase elaborada —"Vote por mí"— impresa en la calcomanía del parachoques no cumple con las expectativas y el público que votó por esos candidatos dice que no son personas de integridad. Los que los eligieron para ejercer son los primeros en señalarlos y decir que los funcionarios que acaban de elegir no están haciendo lo que prometieron.

> Una persona de integridad es alguien
> que está dispuesto a ser genuino
> y sincero, aunque eso implique ser
> vulnerable y exponer debilidades.

Créame, es probable que el candidato que busque ser elegido diciendo: "La realidad es que no sé cómo resolver el problema al que nos enfrentamos, ya que soy un hombre como cualquier otro. Pero si me elige, le prometo que haré lo mejor que pueda, trabajaré duro, nunca abandonaré e intentaré no defraudarlo", posiblemente gobierne con integridad, pero no será elegido, ni siquiera para cuidar perros. Por eso, ¿a quién hay que culpar? ¿Al hombre que dijo lo que usted quiso escuchar o a las personas que querían escucharlo?

Encontrará que en cada nivel de relaciones, la gente ha creado máscaras y disfraces para camuflar y esconder sus debilidades. Solo le enseñan el lado fuerte de la ecuación para que su confianza se construya sobre lo que ve en lugar de hacerlo sobre lo que hay en verdad. Cuando las circunstancias de la vida desenmascaran la otra mitad, usted gritará: "¡Falta!". Así, por lo general, las personas dicen: "Los conozco desde hace años y ¡jamás hubiese imaginado que eran capaces de eso!".

Ese tipo de comportamiento ha afectado toda relación en la tierra. Sucede en todo matrimonio. Cuando dos personas empiezan un noviazgo, se esfuerzan y hacen todo lo posible por aparentar que se complementan a la perfección. Se esfuerzan por fingir que les gustan las cosas que en realidad no les agradan para complacer al otro. Soportan las cosas que encuentran totalmente irritantes si eso hace que ante la mirada de los demás sean el "Señor" y la "Señora Correctos". Muchas veces me río para mis adentros cuando escucho que un joven me cuenta: "Oh, pastor, ella es perfecta. Es ideal para mí. Le encantan el NASCAR, el fútbol universitario y los videojuegos, ¡y no le importa cuánto juego al golf!". Espere a que ella lo oiga decir: "Sí, acepto". Comenzará a tener que ver programas de cocina, de cómo ser padre y de decoración de casas mientras sus palos de golf se oxidan en el garaje. ¿Qué pasó? ¿Qué cambió? La respuesta es: nada. Simplemente, está teniendo la oportunidad de conocer la otra mitad de la persona.

Los hombres son igual de culpables. Cuando están conquistando trabajan su apariencia durante horas. El hombre elegirá cuidadosamente su camisa, su colonia y su peinado para ir a sentarse en un oscuro salón de cine donde de cualquier forma no se puede ver a la otra persona. Se esforzará y hará todo lo posible para planificar la velada perfecta, elegirá cuidadosamente sus palabras, se comportará absolutamente de la mejor manera y demostrará el tipo de encanto que haría que Cenicienta se derritiera. Luego, cuando se casa, entrará por la puerta, mirará a su damisela hogareña y dirá algo tierno como: "¿Dónde está mi cena?".

Mi padre dijo muchas veces: "Si el amor es un sueño, el casamiento es un reloj despertador". Una y otra vez nos dijo, a sus cinco hijos: "Cualquiera puede ser maravilloso por dos horas un viernes por la noche, la verdadera persona está encerrada en una jaula, esperando poder salir". Esas pueden ser palabras dichas con humor, pero están llenas de verdad. Lamentablemente, y demasiadas veces por cierto, hay muchos problemas profundos escondidos además de la higiene, la apariencia y las preferencias de entretenimiento, que las personas no muestran a sus cónyuges.

Algunos los reprimen por unos meses, otros por un período de años, pero cuando al fin se descubre la imagen completa, emerge un sentimiento de traición y se escucharán declaraciones como: "Has perdido tu integridad". La verdad es que el verdadero primer momento de integridad ocurre cuando se unen todas las piezas del rompecabezas.

El momento en el que esté dispuesto a ser su *verdadero yo* —lo bueno, lo malo y lo horrible— es cuando se llega al verdadero punto de la integridad. La integridad es una de las formas más puras de la confianza. Sucede cuando está dispuesto a ser totalmente vulnerable, a estar totalmente expuesto y a no seguir escondido detrás de una máscara, tratando de actuar como el héroe misterioso que galopa montado en su caballo hacia el atardecer.

Usted alcanzará la integridad cuando esté dispuesto a decir: "Aquí estoy, esto soy. Soy completamente lo que ve ante usted, el artículo genuino, la versión sincera. No es la versión matutina de los domingos ni la de la oficina, ni la de la presentación en la sala de juntas, sino la verdadera, la verdad absoluta y nada más que la verdad". Ese tipo de integridad permite que emerja una relación significativa.

¿Es usted sincero?

Llevar una vida de integridad es vivir con sinceridad. Esta es más que los "sinceros saludos" al final de una carta. *Sinceridad* está conformada por dos palabras en latín. La primera es *sin*, que tiene el mismo significado que en español. La siguiente parte de la palabra es *cere*, que significa "cera". Únalas y la palabra se traduce literalmente como "sin cera".

El origen de la palabra proviene de los días en que las estatuas de mármol talladas a mano eran adquisiciones caras de la gente rica y famosa. Cuando alguien adquiría una de esas obras de arte, quería saber: "¿Es sincera?". ¿Es sin cera? Un escultor podía comenzar una obra de arte nueva y continuar esculpiéndola por dos o tres días. A veces, durante el proceso de esculpido, era posible que descubriera una fractura o un punto débil en la piedra del que surgiera una rotura. En vez de destruir su trabajo o desperdiciar todo su esfuerzo, muchas veces, los escultores molían algunos pedacitos de mármol y los mezclaban con cera derretida, con lo que llenarían las imperfecciones.

Esto se consideraba un arreglo apropiado, siempre y cuando la estatua se mantuviera en un lugar bastante fresco y oscuro. Sin embargo, si se la exponía por un rato al sol, la cera se derretía y la fisura quedaba expuesta. Por supuesto que las estatuas más valiosas eran las que no tenían fisuras, puesto que así la gente podía ubicar la estatua bajo la cálida luz del sol para probarle al mundo que era sincera... sin cera.

Cualquier cosa puede parecer perfecta mientras el ambiente sea suficientemente oscuro, pero expóngala a la luz y rápidamente se revela la verdad. Las mejores relaciones son las sinceras, las del tipo que soportan la exposición intensa de los elementos externos del mundo.

Lo que me gusta de la integridad es que puedo ser sincero, tener falencias y aun así ser entero. Yo no soy perfecto; nadie lo es. La integridad y la sinceridad son atributos que se niegan a esconder la verdad. Más bien, dicen: "Este soy yo; ¿me aceptarías de todas formas?".

Las personas íntegras están dispuestas a dejar de lado sus

máscaras. Están dispuestas a exponer su rostro por completo y no temen mirar bajo el calor de la realidad.

La Palabra de Dios nos ordena que seamos personas de integridad. Se nos instruye "que vuestro sí sea sí, y vuestro no sea no, para que no caigáis en condenación" (Santiago 5:12). Que su palabra sea su firma. Es posible que no sea la palabra que todos quieran escuchar, pero una vez que la haya dicho, así será.

> El momento en el que está dispuesto a ser su *verdadero yo* —lo bueno, lo malo y lo horrible— es cuando se llega al verdadero punto de la integridad.

Escuchamos gente que dice: "Hoy en día hay mucho doble sentido". El doble sentido proviene de una mente dividida. Las personas que tienen la mente dividida están plagadas de problemas, de incertidumbre y el peor tipo es la duda en uno mismo. En cada decisión que toman, dudan si han tomado la correcta, por eso toman dos. Se paran de ambos lados del problema tanto como les sea posible. Al momento en el que el veredicto es claro, saltan al lado que parece ser correcto y dicen: "Se lo dije".

Para ellos, todo lo que hay en la vida es gris. No hay blanco o negro, bien o mal. Sea donde sea que sople el viento, allí van. Justo en el momento en el que piensan que han descifrado su comportamiento y pueden predecir qué harán a continuación, cambian de dirección y lo dejan varado. En verdad no puede culparlos; después de todo, ni siquiera saben qué será lo próximo que harán.

EL PELIGRO DE LA DUDA

Santiago, el escritor del Nuevo Testamento, describe de esta manera a las personas con mente dividida: "Pero pida con fe, no dudando nada; porque el que duda es semejante a la onda del mar, que es arrastrada por el viento y echada de una parte a otra. No piense, pues, quien tal haga, que recibirá cosa alguna del Señor. El hombre de doble ánimo es inconstante en todos sus caminos" (Santiago 1:6-8). Dios mismo mira a las personas como esas y dice: "No voy a brindarte ninguna de mis bendiciones". ¿Por qué debería hacerlo? Están tan llenos de dudas que si los bendijera, dudarían que proviene de Él y terminarían dándole el crédito a algo barato falto de sinceridad, como el destino o la suerte.

Las personas de integridad están dispuestas a dejar de lado sus máscaras. Están dispuestas a exponer su rostro por completo y no tienen miedo de mirar al calor de la realidad.

La solución al problema no es tan difícil, pero requiere de mucha audacia, de esa que no teme ser lo que realmente es, el individuo único que Dios creó. Es posible que no sea como el resto del mundo y con toda seguridad que se destacará de la multitud, pero nunca será una persona íntegra hasta que esté dispuesto a ser usted mismo.

Cuando tenga el valor suficiente para ser una persona de integridad, entonces puede comenzar a construir relaciones realmente amplias, honestas, sinceras, leales y dignas de confianza con los que le rodean. Cuando la gente conoce su ser por completo, son capaces de desarrollar expectativas reales de usted, del tipo que los protege de sufrir una decepción.

Cuando las relaciones de su entorno se vuelven sinceras y llenas de integridad, afectan todas las otras áreas de su vida. ¿Significa eso que sus relaciones son perfectas y no tendrán altibajos? Por supuesto que no. Lo que significa es que no importa qué tan alto o tan bajo se encuentre, si su relación es genuina, será lo suficientemente fuerte como para durar.

Las relaciones como esas construyen familias fuertes. Familias como estas construyen iglesias fuertes. Iglesias como estas construyen grandes comunidades. Comunidades como estas influyen la cultura de la ciudad. Por último, las ciudades como estas desarrollan una gran nación que tiene influencia en todo el mundo. Ese tipo de integridad comienza con usted.

Quizás no tenga todas las respuestas y es probable que tenga algunos defectos, pero a pesar de sus imperfecciones, si usted es un hombre o una mujer de integridad, será auténtico con las relaciones que Dios le ha dado y hará lo que pueda para ayudar a la calidad de vida de aquellos que le rodean, y ese tipo de integridad digna de confianza tiene poder para cambiar al mundo.

La integridad crea estabilidad

Hay demasiadas personas que no van a la iglesia pero afirman que está llena de hipócritas. En realidad, esa es una palabra elegante para un *actor de teatro*, alguien que finge ser lo que no es. Tal persona no exhibe integridad ni sinceridad, dos atributos requeridos para crear estabilidad.

La integridad es poderosa. Si tiene el
valor de probarla, puede cambiar su vida.

En Cornerstone tenemos la siguiente respuesta al argumento de la hipocresía: "Entre, por favor, siempre hay lugar para uno más". No hay iglesias perfectas puesto que no hay personas perfectas. Demasiadas veces el mundo ajeno a la iglesia apunta con el dedo porque muchos dentro de ella fingen ser lo que no son.

Piénselo. Si fuésemos perfectos, ¿para qué necesitaríamos ir a la iglesia? Tendríamos todo resuelto y no necesitaríamos gracia, misericordia, sanidad ni amor, lo que puede hallarse en la casa de Dios. De cualquier manera, ese no es el caso.

Las iglesias necesitan luchar por ser bastiones de integridad donde aquellos que estén heridos puedan acudir y hallar el amor sincero y genuino de Dios. Ellos necesitan un ambiente seguro y estable para crecer espiritualmente sin temer a la vergüenza o a la culpa. Una iglesia llena de integridad pone a la Palabra de Dios por sobre todas las demás cosas. La Palabra de Dios es verdad (Juan 17:17). Cuando la iglesia pone a la Palabra primero que nada, sus miembros están dispuestos a crucificar el orgullo, el ego y la personalidad para agradar a Cristo. La Palabra de Dios dice: "Dios resiste a los soberbios, y da gracia a los humildes" (1 Pedro 5:5).

Una iglesia llena de ese tipo de integridad siempre estará buscando más lugar para acomodar a los recién llegados. Las personas deciden entregar sus vidas a Cristo cuando pueden ver genuinamente lo que ha hecho Jesús en su vida y se convencen de que si ha podido cambiarlo a usted, puede cambiar a cualquiera.

La integridad es poderosa. Si tiene el valor de probarla, puede cambiar su vida. La integridad cambia todo, desde su calle hasta Wall Street, desde su hogar hasta la Casa Blanca. Si decide que le identifiquen por su integridad, no importa cuán difíciles y agitadas puedan ponerse las cosas, sus raíces estarán en un lugar estable.

Si el hombre no descubre algo por qué morir, no tiene por qué vivir.

MARTIN LUTHER KING

LEALTAD: LA CUALIDAD QUE DEFINE SU CARÁCTER

Una lección que no olvidaré nunca

En el otoño de 2007, conocí al ya retirado General Leroy Sisco. Vino a la iglesia a preguntar si yo quería participar de una tarde en honor a los soldados heridos en la guerra contra el terrorismo, de los frentes de batalla de Irak y Afganistán. El General Sisco fundó una organización dedicada a ayudar a esos jóvenes a reconstruir sus vidas luego de que las heridas de guerra les costaran tanto. Me sentí honrado de que me hubiera convocado, por lo que estaba encantado de participar.

Al entrar al edificio, mi esposa y yo fuimos escoltados a una habitación llena de personas que tenían relación con esa tarde, de una u otra manera. Nuestro anfitrión nos explicó que los invitados de honor estaban por llegar. Un rato después un grupo de jóvenes, todos en la flor de la vida, entró a la habitación en donde estábamos reunidos. Algunos estaban en silla de ruedas, otros estaban aprendiendo a caminar con muletas o bastones completamente nuevos, y otros tenían prótesis en los lugares que antes ocupaban los brazos o las piernas.

Ninguno tuvo que decir una palabra; sus heridas contaban sus historias. Cada uno de esos jóvenes había pagado un precio por su lealtad a la causa de la libertad. De pronto, de mis ojos saltaron lágrimas, al mirar emocionado a esos padres y esposos, no muy diferentes a mí, que llenaban la habitación de luz y entibiaban cada corazón con sus sonrisas.

Al dirigirme al estrado para la invocación, vi que había una gran cantidad de dignatarios, desde el gobernador hasta líderes sociales y civiles. Esa tarde ninguno de ellos me impresionó tanto como aquellos que habían regado el árbol de la libertad con su propia sangre.

Al continuar el programa, tuve la oportunidad de agradecerle a cada uno de esos héroes su servicio al país. Me sentí tan insignificante cuando ellos, a cambio, me agradecieron a mí. Sus vidas cambiaron para siempre mientras defendían mi libertad, por lo que querían contarme cuánto apreciaban el hecho de que yo formara parte de una tarde para honrar su sacrificio.

El precio que pagaron fue mucho más de lo que podría haberme imaginado. Sus vidas cambiaron para siempre; cada momento de cada día iba a ser vivido con la memoria y el recuerdo físico de lo que había causado la guerra. Aquellos que eran padres habían perdido la oportunidad de poder caminar, correr o jugar con sus hijos de la manera en que yo podría hacerlo con los míos. Aquellos que habían perdido sus miembros no serían capaces de abrazar a sus padres de la manera en que yo abrazaría al mío. Había novios que ya no serían capaces de cargar a sus novias por la puerta como lo hice con la mía. Aun así todos ellos querían darme las gracias. Fue más de lo que podía soportar. Yo era quien debía agradecerles por servir a nuestro país y pagar un precio alto por mi libertad.

Ninguno de ellos estaba triste ni era hostil por los efectos que había hecho la guerra en su vida. Ni uno solo me miró con desprecio por no haber usado el uniforme o por no haber servido. Todos ellos, desde el primero hasta el último, expresaron cómo no cambiarían nada. Si pudiesen, volverían a luchar de inmediato.

¿De dónde es que proviene ese tipo de personalidad, tal tipo de determinación para ayudar a los demás sin egoísmo, sin importar si se es apreciado o no? La lealtad es la única fuente de esa fuerza tan maravillosa.

Muchas veces, estamos dispuestos a hacer cosas por reconocimiento o recompensa, pero en esta tierra no hay cantidad de reconocimiento que pueda recuperar el precio que han pagado estos hombres. Aun así, sus espíritus no flaqueaban, su resolución brillaba y se veían esperanzados. ¿Por qué? Porque sirvieron con un sentimiento de lealtad.

Fueron leales a una causa que era mucho más grande que cualquier otra: la causa de la libertad. Fueron leales a los que no siempre los trataron con aprecio. Fueron leales a un gobierno que estaba dividido en cuanto a apoyarlos, solo para ganar unos cuantos puntos más de popularidad en las encuestas y una oportunidad de ser reelectos. Fueron leales a los hombres que lucharon junto a ellos y a aquellos que lucharon por la misma causa antes que ellos. Fueron leales al mundo y al juramento que hicieron cuando levantaron su mano derecha y juraron solemnemente ante

Dios defender esta nación contra todos los enemigos, de afuera o de dentro.

Esa noche aprendí una lección que no olvidaré nunca. Aprendí una lección acerca de la verdadera lealtad: el tipo de lealtad que paga cualquier precio por probarse a sí misma, aun cuando signifique entregar la propia vida.

Como sociedad, hemos olvidado lo que es la lealtad y de dónde proviene. Luchamos por la independencia, no para disfrutar de la libertad que nos otorga, sino para no tener que depender de nuestros pares por miedo a terminar debiéndoles algo. La retribución a la ayuda que da la mano moderna ha hecho que nos aislemos del resto del mundo. Sin embargo, hubo un tiempo en el que la lealtad parecía impregnar el carácter mismo de esta nación.

Las personas eran leales a sus vecinos y a sus comunidades. Estaban dispuestos a ofrecer su mano para ayudar al otro cuando era oportuno. Recuerdo a mi padre y a mi abuelo contando cómo se ayudaban las personas, unas a otras, para cosechar sus plantaciones, construir su granero, comenzar una iglesia o construir una casa. Ahora, a menos que tenga cuatro formularios firmados por dos testigos que prometan no hacernos daño, ni siquiera invitaríamos al hijo del vecino a que venga a jugar. Tememos que se raspe la rodilla y que nos demanden. ¿Por qué? Porque hemos olvidado cómo ser leales.

Han pasado los días en los que vivíamos bajo un código sagrado que decía: "Si estás aquí para mí, yo estaré aquí para ti". Sin embargo, ese es el tipo de lealtad que me demostraron esos jóvenes guerreros esa noche en el centro de San Antonio. Cuanto más lo pensaba, más claro se me hacía: Estos héroes han aprendido a depender uno del otro y a estar presentes para el otro. La lealtad entre ellos es lo que los hizo una fuerza eficaz y poderosa en la batalla. Es lo que les dio confianza en las horas más desesperantes de su vida.

La razón por la cual me agradecieron por mi pequeño rol esa noche no tuvo nada que ver con lo que yo había dicho, tuvo que ver con el hecho de que —en ese momento, esa noche, en alguna forma, aunque mínima— estuve allí, con ellos. Ese tipo de lealtad crea el tipo de carácter a prueba de impactos que necesita el mundo.

¿A DÓNDE SE HA IDO?

La lealtad es una característica que hace falta recuperar para que este país sobreviva a los desafíos de los días venideros. Nuestra patria nació de la lealtad. Si escucha las voces de nuestro sagrado pasado, es probable que oiga el susurro de un patriota que durmió en la helada nieve del Valle Forge para que nosotros pudiéramos tener la libertad de votar; aun cuando hoy, en los días de votación algunos se queden en sus casas. Es posible que oiga la sagrada melodía de "Taps", la tan mentada canción que nació durante la lucha de la Guerra Civil como triste recordatorio de la devastación que trae la división; aun así seguimos divididos en estados rojos y azules.

Los amigos verdaderos son los que están presentes aunque no lo merezcamos. Se quedan junto a uno, cuando otros salen corriendo.

Usted podrá ver las cruces y las marcas uniformes que se alinean en la costa de playas como Omaha y Normandía, o visitar los fríos monumentos de mármol cubiertos con los nombres de personajes que nos recuerdan que la libertad no es gratis. Pero aun así la libertad es algo que damos por hecho, como si fuera un título en lugar de un privilegio. Hemos olvidado el precio que implica la libertad y parece que perdimos nuestro sentimiento de lealtad a esta tierra que ha ofrecido tantas oportunidades a tantos.

La lealtad es lo que llevó a los héroes del pasado —y del presente— a combatir los problemas difíciles a los que nos enfrentamos y a no mirar atrás. La lealtad es lo que hace que el lado desinteresado de la vida emerja a la superficie para que otros puedan ser beneficiados y bendecidos. La lealtad es la característica que le arrebata momentos de triunfo a los tiempos de adversidad.

La lealtad vence toda barrera y borra toda injusticia. La lealtad lleva a que el espíritu del hombre logre lo que parece imposible para la capacidad natural. Sin lealtad, su vida y su futuro son tan inciertos como el fugaz vuelo de una golondrina, pero una vida basada en la lealtad se erige sobre una roca fuerte e inamovible.

¿ES USTED LEAL?

Cualquiera puede mostrar aspectos de fidelidad cuando hay una recompensa de por medio, pero la lealtad no promete ninguna. La Biblia dice: "En todo tiempo ama el amigo" (Proverbios 17:17). Un amigo *verdadero* es *leal*. Los amigos verdaderos son los que están presentes aun cuando no lo merezcamos. Se quedan junto a uno, cuando otros salen corriendo. ¿Le describe eso? Debería describirlo.

Me divierto viendo a la gente que sigue a los equipos deportivos solo cuando ganan. ¡Todos aman al campeón! Cuando un equipo alza el trofeo en la noche del campeonato, su base de seguidores crece a la mañana siguiente. Pero si la temporada siguiente ese equipo comienza perdiendo, los seguidores que una vez los alentaron se convierten en adversarios hostiles en busca de otro a quien amar.

Muchas personas aplican la misma incongruencia a otras áreas más importantes de sus vidas, pero esas incoherencias acarrean consecuencias más profundas que aquellas de la gente que sigue a los equipos deportivos cuando ganan. Cuando en una relación surge una disconformidad mínima, esta puede hacer que algunos abandonen el barco. Esa naturaleza de "seguir solo cuando todo está bien" ha afectado a los políticos que gobiernan nuestra nación, ha influenciado a las comunidades en las que vivimos día a día, ha infiltrado a las iglesias en las que adoramos y ha perturbado a nuestros matrimonios y familias.

Si hay un problema difícil con el que tenemos que lidiar como país, lo evitamos. Si hay un tema que necesita ser resuelto en nuestra ciudad, debatimos. Si en la iglesia hay alguna diferencia por vencer, nos vamos a otra. Si hay algún problema en casa, no asumimos la responsabilidad; apuntamos con el dedo para culpar y comenzar a encontrar la falla. ¿Por qué?

Eso ocurre porque hemos olvidado cómo ser leales. Ya no sabemos cómo ser dignos de confianza ni cómo confiar lo suficiente en los demás para depender de ellos. No llegamos a ver que a pesar de los defectos de cada uno, estamos aquí para fortalecernos y complementarnos unos a otros, aun cuando eso requiera que sacrifiquemos algo.

Solo cuando se está dispuesto a ser leal es que se llega a ser una fuente digna de confianza para los demás. Las personas leales están presentes pese a lo que suceda. Recuerdo cuando la película *Titanic* rompió récord de venta de entradas. Había una gran cantidad de escenas memorables, pero la que más me impresionó no tenía nada que ver con el romance hollywoodense, aunque mucho con la lealtad. Fue la forma en que el director presentó al cuarteto de cuerdas que tocó en la cubierta mientras el poderoso y majestuoso navío se hundía.

Esos hombres no salieron corriendo aunque sabían que con toda certeza, sus vidas corrían peligro. No se subieron al primer bote que partió ni buscaron chalecos salvavidas; simplemente siguieron haciendo su trabajo y tocaron su canción. Se mantuvieron fielmente parados, uno junto al otro, y llenaron la noche con el sonido del sagrado himno

"Más cerca, oh Dios, de ti" sabiendo que su destino estaba sellado. ¿Fue fácil? No, pero requirió de lealtad.

A veces, los humanos son fatalistas y deciden que en realidad no sirve de nada intentar, porque al fin y al cabo, de todas formas están condenados. En el mundo en el que vivimos, esa forma de pensar prevalece y se acepta aun más, aunque no significa que sea nueva.

Recuerdo un relato de la historia estadounidense en la que la Cámara de Diputados de Connecticut se reunió en Hartford para ocuparse de los asuntos del gobierno. La mañana del 19 de mayo fue inesperadamente fría dada la época del año y, por la tarde, no se podía ver el sol entre un ennegrecido cielo como el de la medianoche. De pronto, el viento comenzó a hacer vibrar las paredes del edificio de la capital, el granizo golpeó el techo hasta abollarlo y, con cada trueno, incluso los hombres de fe caían de rodillas, convencidos de que el día del juicio y la ira había llegado.

Mientras el congreso del estado se veía aturdido por una ola de miedo y temblor, unas pocas autoridades electas se pararon y le exigieron al vocero de la Cámara que levantara la sesión inmediatamente para que cada uno de los hombres pudiera rendirse ante Dios y hacer las paces con el Todopoderoso antes de entrar a la eternidad.

Esa fue la vez que el vocero de la Cámara, Coronel Davenport, ministro ordenado, se paró, golpeó con su martillo e hizo callar a toda la audiencia con estas palabras: "El día del juicio puede estar llegando o no. Si no está llegando, no hay motivo para levantar la sesión; si está llegando, elijo que me encuentre cumpliendo con mi deber. Por eso es que deseo que se traigan velas".

El Coronel Davenport pensó que era mejor ser leal a su propósito y a aquellos en la comunidad a la que se le había designado a servir, en lugar de permitir que las circunstancias severas dictaran su comportamiento.

Solo cuando se está dispuesto a ser leal
es que uno se convierte en una fuente
digna de confianza para los demás.

Cuando mi tatarabuelo era pastor en Oklahoma, a comienzos de 1900, la región central agricultora de Estados Unidos se vio afectada por lo que ahora se conoce como *el trágico período del Dust Bowl* [Tazón de polvo]. Muchos comenzaron a decir: "El Señor volverá antes de fin de año. El mundo está llegando al final y no hay necesidad de plantar ni trabajar duro este año".

Aquellos que fueron leales a sus responsabilidades para abastecer a sus familias araron sus campos y plantaron sus semillas. A pesar de que no era mucho, su cosecha los alimentó durante el invierno. Los de la iglesia de mi tatarabuelo que no plantaron absolutamente nada, casi mueren de hambre. ¿Por qué? Porque pensaron que su crisis y sus circunstancias les daban una excusa para no ser leales a sus responsabilidades.

Espero que esté comenzando a entender que la lealtad es algo serio y real. La lealtad no se toma vacaciones y debe ser vivida y demostrada en la vida de cada generación para vencer los desafíos a los que se enfrentan.

¿Es usted leal?

Vea el costo de la lealtad para aquellos que fueron leales a Dios. Entre ellos tenemos a Mesac, Sadrac y Abednego, que se pararon con lealtad uno al lado del otro en medio de las llamas del horno. Hubiese sido fácil para cualquiera de ellos abandonar a los demás, sabiendo que estaban enfrentando cierto final:

- "Hey, rey, él me hizo hacerlo".
- "Yo quería inclinarme, pero el viejo Sadrac pensó que sería gracioso que nos parásemos".
- "No es mi culpa".
- "Yo incluso me inclinaría ante usted, ahora mismo y de ahora en adelante, hasta el fin de los tiempos si no me echa en ese fuego con mis amigos".
- "La verdad es que nunca me cayeron bien, y como dicen, todo lo bueno debe tener un final".

Sin embargo, se pararon uno al lado del otro en las llamas hasta el final. Y cuando entraron al fuego, Dios se paró con ellos. ¿Por qué? Porque Él honra la lealtad. "Él permanece fiel" (2 Timoteo 2:13). Él es un Dios leal.

Observe a Silas, que estaba dispuesto a cantar con Pablo en la prisión en vez de negarlo luego de su arresto (véase Hechos 16). Hay muchísimos relatos más acerca de algunos santos que se encontraron ante la espada del ejecutor, el asecho de leones y el hacha del verdugo, todo por la lealtad.

¿Es usted leal? Cuando las cosas comienzan a complicarse, ¿es digno de confianza? Cuando plantarse firme por los creyentes se vuelva una cuestión de gran inconveniencia, ¿lo haría de todas maneras?

Sin lealtad, nunca sabrá cómo se siente vivir de verdad. La lealtad separa a los héroes de los cobardes. Los cobardes abandonan; los héroes son leales hasta el final.

¿Qué es lo que se necesita para darle un giro a este país?

Probablemente ya pueda deducirlo: lealtad. Se requieren hombres y mujeres que estén dispuestos a ser leales a aquello por lo que lucharon nuestros Padres Fundadores: la vida, la libertad y la búsqueda de la felicidad. Cuando, como individuos, nos dediquemos al futuro de nuestra libertad y no a nuestras comodidades particulares, entonces volveremos a ser una gran nación, digna del título "tierra de libertad".

La lealtad no toma vacaciones y debe ser vivida y demostrada en la vida de cada generación.

¿Qué es lo que se necesita para cambiar nuestras ciudades? Lealtad. Lealtad desde el ayuntamiento hasta la junta escolar, desde la PTA (siglas en inglés de Asociación de padres y maestros) hasta el predicador; se necesitará de individuos que se preocupen más por el bienestar de sus conciudadanos que del propio.

¿Sabe qué fue lo que separó a la comunidad cristiana del resto del mundo en el primer siglo? ¡La lealtad! Cuando la plaga barrió al mundo romano en los años 165 al 180 D.C., los que se infectaban eran arrojados a las calles para que murieran. Sin embargo, los cristianos llevaban a los enfermos a sus casas, los atendían y los aliviaban a tal punto que los paganos y los herejes exclamaban: "¡Cómo se aman unos a otros!".

Cuando ese tipo de lealtad se extienda a las calles de nuestras ciudades —y ese tipo de sacrificio forme parte de nuestra vida diaria— los problemas más difíciles podrán resolverse de la manera más sencilla y podrá renacer un verdadero sentimiento de comunidad.

Nuestras iglesias necesitan una buena dosis de la vieja lealtad. Necesitamos pastores que estén dispuestos a ser leales a la Palabra de Dios. Requerimos líderes laicos que no teman defender la verdad a cualquier precio. Necesitamos miembros fieles que estén dispuestos a caminar en amor y unidad, aun cuando el mundo intente hacer lo posible para dividirnos.

Las iglesias en los Estados Unidos tienen listas interminables de sermones populares, en vez de mantenerse leales al verdadero mensaje. Los predicadores motivan con estrategias de mercado en vez de decir la verdad con amor. Los feligreses prefieren que los entretengan y los consuelen en vez de que los inspiren y los desafíen. ¿Qué puede hacer que todo eso cambie? ¿Qué hace que una congregación se convierta, de un club campestre en la luz del mundo? La lealtad.

La lealtad hará que su hogar sea seguro y estable en tiempos de incertidumbre. Cuando uno lee la parábola de los dos constructores, observa que Cristo afirmó lo siguiente: "Descendió lluvia, y vinieron ríos, y soplaron vientos, y golpearon contra aquella casa" (Mateo 7:25). Nunca fue cuestión de *si,* sino de *cuando.*

Hoy no hay que ver muy lejos para encontrar personas que están pasando por momentos difíciles. Los creyentes, y también los no creyentes, soportan las tormentas de la vida. Pero aquellos que tienen un hogar construido en base a la lealtad a la Palabra de Dios y a la lealtad mutua pueden resistir cualquier desafío.

No es el clima de afuera; es la respuesta de adentro

La diferencia no es el clima de afuera; es cómo se soporta la tormenta por dentro. La lealtad hará que logre resistir la tormenta. Hay una frase común que se usa casi a diario: "¿Vale usted su sal?". Hubo un tiempo en el que al hombre se le pagaba con sal. La palabra en latín *salarium*, que significa pensión, y el término español *salario,* derivan de la raíz latina del vocablo sal, que significa lo mismo que en español. Ambas se basan en el tiempo en el que se pagaba con sal.

La Biblia habla acerca de un *pacto de sal,* en el que dos hombres hacían un acuerdo con un intercambio de sal. Puesto que la sal era un condimento necesario para la comida diaria, utilizar el intercambio de sal como parte de un pacto era algo sencillo. Cada hombre sacaba sal de su propia bolsa y la intercambiaba por sal de la bolsa del otro al tiempo que recitaban las palabras de su pacto entre ellos.

La única manera de cancelar ese contrato que los unía era que cada uno de los hombres le devolviese al otro la misma cantidad de granos de sal que sacó de su bolsa. Era un acuerdo a largo plazo virtualmente imposible de romper. Si alguna vez uno de los dos traicionaba su palabra y su compromiso, entonces se decía que: "Ese hombre no vale su sal". En otros términos, no es leal a su palabra. No es leal a sus compañeros. Su comportamiento traiciona su compromiso.

Desde el principio de los tiempos, las personas tuvieron éxito y fallaron según su capacidad para ser leales. La verdad no ha cambiado. Una vez más, es momento de que cada uno de nosotros determine que seremos personas que valgan su sal. Seremos leales a nuestra palabra, aunque nos cueste; leales a los demás, incluso si requiere un gran sacrificio;

leales a nuestra historia, a nuestra herencia y a aquellos que han pagado un precio alto para que seamos libres; leales a Dios en el cielo y leales a nuestras familias.

———

La lealtad, en verdad, puede hacer renacer la grandeza en cada área de nuestras vidas, pero sin ella —como nación, como generación y como personas— no sobreviviremos.

———

La lealtad, en verdad, puede hacer renacer la grandeza en cada área de nuestras vidas, pero sin ella —como nación, como generación y como personas— no sobreviviremos. La lealtad es una cualidad por la que deberíamos querer que nos reconozcan.

*Cuando uno ha llegado al límite y no sabe qué
hacer, no es cobarde orar; es la única forma en que
uno puede entrar en contacto con la realidad.*

OSWALD CHAMBERS

9

La oración, el idioma del poder

El día que un milagro dijo: "Acepto"

Como hijo de pastor, desde niño he asistido a una gran cantidad de bodas. Algunas fueron hermosas expresiones de amor y compromiso, mientras que otras no podrían haber sido más graciosas y disparatadas. Sin embargo, hay una en particular que recordaré siempre; fue el momento en el que un milagro andante repitió sus votos.

Hace treinta y un años, un joven entró a la oficina de su padre y le expresó su deseo de ser ministro de música en la Iglesia de Cornerstone. Por un tiempo, los líderes de la iglesia habían estado orando por un ministro de música. Hasta ese momento, mi papá había estado dirigiendo el coro, enseñando en la escuela dominical, predicando los sermones y ubicando y moviendo sillas. No hace falta decir que necesitábamos ayuda, y Dios con su gran fidelidad nos la brindó el día que John Hagee conoció a Johnny Gross. Hoy sigue siendo nuestro ministro de música y es uno de los personajes con más dones que he tenido el honor de conocer.

Johnny y su esposa, Lestra, tienen tres hijos que crecieron con mis hermanos y conmigo en la iglesia. Como sucede cuando dos familias trabajan juntas, las relaciones se hacen más fuertes y se logran conexiones de por vida. Así fue, y lo sigue siendo, con los niños Hagee y la familia Gross. Hasta el día de hoy nos mantenemos en contacto y muchas veces recordamos los viejos tiempos en la escuela dominical, el grupo de jóvenes o alguna aventura juvenil que vivimos en algún lugar.

Uno de los recuerdos que atesoro, cuando pienso en la familia Gross, fue el día que se casó su hija menor, Lizzy. No es que esa boda se haya distinguido por ser pomposa y fastuosa, o que haya tenido los vestidos y el traje de última moda. Más bien es por el simple hecho de que en el altar estaba el testimonio de oración más poderoso y tangible que vi en mi vida.

En 1991, Lizzy era una niña de once años, común y saludable. Estaba llena de vida y era la luz que iluminaba la vida de sus padres. Para ese momento, Lizzy comenzó a quejarse de que veía doble y les decía a sus padres que estaba viendo dos cosas aunque sabía que había una. En un esfuerzo por desaprobar su afirmación, Johnny, su padre, levantó un dedo frente a su rostro y le preguntó cuántos veía, sólo para escucharla decir: "Dos", y verla apuntando a los dos lugares en donde los veía.

Su madre decidió que habría que hacerle estudios, de modo que la llevó al oftalmólogo. La primera visita dio como resultado tres diagnósticos diferentes. El oftalmólogo determinó que tenía uno de tres problemas posibles: un ojo perezoso, que podría corregirse con el paso del tiempo; esclerosis múltiple, que requeriría de más atención médica; o miastenia ocular, que es un término elegante para describir la debilitación del músculo que rodea al ojo.

No muy conforme con lo que había escuchado y todavía un tanto preocupada, la madre de Lizzy la llevó a otro oftalmólogo para tener una segunda opinión. La consulta fue mucho más definitoria y alarmante. Su recomendación inmediata fue que se llevara a Lizzy al hospital para una tomografía y una resonancia magnética ya que parecía que tenía un bulto detrás del ojo en su cerebro y era, en efecto, más serio.

Atormentados por las noticias, los Gross se movilizaron rápidamente y mientras esperaban los resultados de los exámenes se preguntaban qué pasaría después. Sucedió lo peor. Los exámenes determinaron que había una masa inoperable y que, según las palabras del oncólogo nuevo: "Lizzy pronto sufrirá una muerte horrible y espantosa".

Yo era un adolescente cuando las noticias del diagnóstico de Lizzy comenzaron a circular por la iglesia, recuerdo lo triste que era oír eso una y otra vez. Había sido bastante inmune a la mayoría de las tragedias de la vida, pero esta estaba golpeando muy cerca de casa; una familia que conocíamos muy bien, una niña que era muy amada, y una madre y un padre que estaban en una desesperada necesidad de fortaleza y esperanza. No tenían nada a qué recurrir sino al Padre de los cielos.

Mi papá convocó a un ayuno que comenzaría de inmediato y pidió que la gente orara porque

Lizzy sanara. Hacíamos turno en la iglesia para que en todo momento hubiera alguien orando.

La mamá de Lizzy comenzó a pegar pasajes de las Escrituras en las paredes de su casa y proclamaciones declarando promesas de Dios en las que la familia podía meditar y reflexionar día y noche. A pesar de los esfuerzos desesperados que se estaban haciendo, Lizzy comenzó a presentar síntomas que confirmaban el diagnóstico de los doctores. El ojo afectado por la masa comenzó a dar vuelta hasta el punto en que ya no se le veía. Tenía terribles dolores de cabeza y pérdida del equilibrio, como nos habían avisado los doctores. Otros exámenes confirmaban que las cosas no estaban mejorando. Aun así, la familia Gross, la Iglesia Cornerstone y muchísimas personas en toda la nación estaban implorándole a Dios por la salud de Lizzy.

Unas semanas después, tocamos fondo. Un día, mi padre llegó a casa del trabajo con una expresión de preocupación. Cuando mamá le preguntó qué era lo que andaba mal, él le respondió: "Hoy la escuela le dijo a Johnny que recogiera a Lizzy. Su visión está tan mal que ya no puede desempeñarse en el aula". Le contó cómo Johnny había ido a su oficina llorando, preguntándole qué debía hacer. Mi padre hizo lo de siempre: abrazó al hombre y pronunció otra oración. Luego le dio este consejo: "¡Ve a casa, dale una aspirina a tu bebé y trátala como si todo estuviera bien!".

Pasaban los días y Lizzy comenzó a mostrar mejoras, a pesar de que los doctores habían determinado que eso no iba a pasar. Su ojo comenzó a centrarse de nuevo y se quejaba menos de los dolores de cabeza que la habían estado molestando con frecuencia hacía unos días. Unos días después, sus padres regresaron a la oficina del doctor para otra consulta, un lugar donde todavía no habían recibido ninguna buena noticia. Sin embargo, para asombro del médico, había una evidencia real de mejora. Solo para asegurarse de lo que estaba sucediendo, ordenó otra tomografía y una nueva resonancia magnética.

El día del examen, Johnny llevó a un amigo de la familia y a un miembro de la iglesia con él para la consulta. Toda la iglesia estaba orando y todos querían saber qué iban a mostrar los resultados. Johnny entró a la habitación con Lizzy mientras la máquina escaneaba su cuerpo, y Mike, el amigo de la familia, esperó en otro salón donde los doctores estaban leyendo los resultados.

Mike quedó boquiabierto cuando uno de los doctores le dijo al otro: "¡No está! ¡Aquí debería haber un tumor! Estaba aquí la primera vez que la escaneamos. ¿A dónde se fue? ¿Estás seguro de que desapareció?".

De inmediato fue obvio que el milagroso poder de Dios había tocado la vida de aquella niña de once años, algo que sé que esos doctores no estudian en la facultad de medicina, pero aun así Dios lo hace todos los días.

Diez años después, la capilla en la que la gente había orado por ella en todo momento estaba llena de aquellos que estaban allí para escucharla recitar sus votos matrimoniales. De todos los casamientos de los que fue testigo este hijo de predicador, este fue el único en el que vi a un milagro decir: "Acepto". La oración es, por mucho, la fuerza más poderosa en la tierra.

ÉXITO A TRAVÉS DE LA LUCHA

Nadie prometió jamás que no habría problemas en la vida. Es más, todo gran logro es una combinación de éxito y lucha. La vida está llena de circunstancias que requieren que uno sea una persona de acción y sacrificio para poder disfrutar de las mejores cosas en la vida. Si uno ha de afrontar al desafío, hay un área muy importante que necesita ser observada y puesta bajo control: el discurso.

Lo que uno dice revela lo que está pensando. Los pensamientos son un pronóstico del futuro. El libro de Proverbios afirma: "Porque cual es su pensamiento en su corazón, tal es él" (Proverbios 23:7).

Observe que la Biblia declara que uno piensa con el corazón. Por lo general, asignamos los pensamientos a nuestra mente y los sentimientos a nuestro corazón, pero aquí la Palabra nos dice que la *vida del corazón dirige la vida del pensamiento.*

No se equivoque; sus pensamientos son la brújula que marca el curso de su vida, en un camino de grandeza o en la simple mediocridad.

De modo que, ¿cómo generar grandes pensamientos para comenzar por el buen camino? Algunos gurúes de la autoayuda sugieren que se mire en el espejo por la mañana y repita una serie de afirmaciones positivas para entrar en el marco mental correcto durante el día. Mi problema con esa perspectiva es que no puedo tomarme en serio cuando estoy haciendo morisquetas mientras me cepillo los dientes. Es difícil crear una dinámica para el día mientras hago espuma con mi boca llena de Colgate.

De todas formas, estoy de acuerdo con los gurúes en que uno puede hablar para cuadrar la mente y ponerla en forma. Pero no pienso que se pueda hacer hablando con uno mismo. Uno se encamina al éxito por medio del diálogo, a través de la lucha, comunicándose con la fuente de poder ilimitado, que es Dios. La manera en la que se habla con Dios es a través de la oración.

La oración es la fuerza más poderosa en la faz de la tierra. Ha conquistado naciones, salvado vidas, sanado enfermedades, liberado prisioneros y cambiado el curso de la historia. La mayoría de la gente está confundida y frustrada en lo que respecta a la oración. Algunos sienten que es una disciplina de memorización y recitación. Otros se acercan a la oración como si estuvieran hablándole a un genio de una lámpara: tres deseos cortos y todo acaba. La verdad es que la oración no debería ser ni frustrante ni mundana, ni ensayada, tampoco debería ser un momento imaginario de cuento de hadas. La oración es un proceso real, eficaz y sencillo para aprender cómo comunicarse con Dios.

La vida está llena de circunstancias que requieren que uno sea una persona de acción y sacrificio para poder disfrutar de las mejores cosas de la vida.

Cuando conozca el gozo de conversar con el Todopoderoso, rápidamente se dará cuenta de que la oración es el idioma del poder.

LA ORACIÓN ES UN DIÁLOGO, NO UN MONÓLOGO

Muchísimas personas utilizan la oración como una ventana de escape, hablan todo el tiempo y Dios solo escucha. Cuando terminan de orar, esperan que su orden se cumpla para poder seguir su camino. Eso no es orar.

La oración no es hacer que Dios, en el cielo, haga nuestra voluntad aquí en la Tierra; la oración le prepara aquí en la Tierra para hacer la voluntad de Dios en el cielo. La oración es la corriente vital de su conexión con los infinitos recursos del Padre.

En muchas ocasiones, mi abuela les dijo a sus hijos y a sus nietos esta verdad acerca de la fe: "Algo de oración, algo de poder; mucha oración, mucho poder". No pasa nada realmente bueno hasta que uno ora, porque cuando uno ora, tiene la oportunidad de escuchar lo que Dios tiene que decir al respecto.

Como en todo diálogo, lleva tiempo aprender cómo comunicarse de manera eficaz. Todos hemos escuchado esta frase, usualmente compartida entre amigos: "No tenías que decir nada. Te escuché fuerte y claro".

Esa era ciertamente la verdad que prevaleció siempre en la casa de los Hagee desde que éramos pequeños. Mi padre era un maestro de la comunicación no verbal con su familia. Su lenguaje corporal y sus expresiones eran un libro abierto para su próxima respuesta. Podía entrar a un salón lleno de gente con sus cinco hijos y controlarlos con sus ojos. ¿Por qué? Porque sabíamos demasiado bien qué esperaba de nosotros. Cuando intentábamos cruzar la línea, lo que podría haber parecido una arqueada de ceja o un movimiento de mentón para los novatos, para los que realmente lo conocían era un sermón de tres horas y una llamada al altar.

Se puede llegar a un punto en la vida de oración con el Padre celestial en el que uno puede entender claramente qué es lo que Él está comunicando mientras otros ni siquiera lo oyen. Esta verdad se puede ver en la vida de Job.

Este patriarca aprendió muchas cosas mientras luchaba con tanta pérdida y dolor. Una de ellas fue: "De oídas te había oído; mas ahora mis ojos te ven" (Job 42:5). En el momento en el que los más cercanos a él no podían comprender qué estaba sucediendo en su vida, Job llegó a conocer tan bien al Señor que fue capaz de ver lo que este estaba haciendo cuando otros no podían.

¿Cómo sucedió eso? Es que hablaba con el Señor. En Job 38 leemos: "Entonces respondió Jehová a Job desde un torbellino, y dijo: ¿Quién es ese que oscurece el consejo con palabras sin sabiduría? Ahora ciñe como varón tus lomos; yo te preguntaré, y tú me contestarás" (Job 38:1-3). Dios y Job tuvieron algunas conversaciones intensas. No solo recibió el doble de lo que había recibido antes de su juicio, sino que también conoció al Señor en persona, al punto de poder decir: "Te escucho fuerte y claro".

La experiencia de Job es evidencia de que Dios quiere hablarnos tanto como nosotros queremos hablarle a Él. Pero solo a través de la práctica se es capaz de escuchar lo que Dios tiene que decir. Al igual que con todas las voces desconocidas, hay que aprender a reconocer la voz de Dios.

Muchas veces hay gente que desafía esa verdad diciendo: "Créeme, yo sé si *Dios* me está *hablando*". Si eso fuese así, ¿cómo explicaría que Samuel —siendo niño— escuchó la voz del Señor tres veces antes de reconocer quién era? La respuesta es que estaba escuchando una voz nueva por primera vez. Sin embargo, cuando se familiarizó con el sonido de la voz de Dios, nunca la olvidó. Sospecho que hay personas que escuchan la voz de Dios todo el tiempo; solo que no la conocen y no pueden reconocerla.

La oración no es hacer que Dios en el cielo haga su voluntad aquí en la Tierra; la oración lo prepara aquí en la Tierra para hacer la voluntad de Dios en el cielo.

Cuando uno se acerca a la oración desde la perspectiva del diálogo en el que se pueda escuchar y recibir instrucción de Dios, hay muchas cosas grandiosas de por medio. Por ejemplo, cuando usted me habla a mí, recibe una perspectiva que está sujeta a mi opinión, basada en mis tradiciones, en mi disposición y en la manera en la que fui criado.

Sin embargo, cuando le habla a Dios, recibe su instrucción divina, que le da poder para tener éxito en toda situación, no importa lo grande o pequeña que sea. Mi opinión —o en todo caso, la opinión de cualquiera— puede opacar el tema y hacerlo más difícil, pero la guía de Dios hará que lo que está torcido se enderece, que las barreras de lo imposible se abran y le ofrezcan la dirección y la visión que necesita para alcanzar la grandeza y el éxito en todas las áreas de la vida. La verdad es que nada que sea realmente emocionante podrá comenzar, hasta que haya orado.

¿Cómo hablo con Dios?

Ahora que tiene una perspectiva adecuada acerca de la oración, hay algunas cosas que le recomiendo que haga cuando ore. Algunas personas inventan excusas por su falta de oración. Quizás haya escuchado algunas de las siguientes:

- "Bueno, es que no sé qué decir".
- "Me distraigo muy fácilmente".

Y mi favorita:

- "Cuando oro, digo todo lo que necesito en unos minutos... entonces termino".

No me malinterprete; no soy partidario de los ensayos, las prescripciones de oración, pero sí creo que uno debe encarar su conversación con Dios con la misma cortesía con la que lo haría con cualquier otro.

Por ejemplo, si usted va a hablarle a alguno de sus amigos

más cercanos, ¿hablaría solo de sí mismo? Por supuesto que no, desearía saber acerca de esa persona si es que en verdad le interesa. Lo mismo debería suceder en su conversación con Dios. No necesita pasar todo el tiempo hablando de sí mismo. Le recomiendo que pase su tiempo hablando de lo que es el Señor y qué ha hecho en su vida. Una de las razones por las que a muchos les cuesta desarrollar una vida de oración extensa es porque se enfocan en temas muy limitados: ellos mismos. Si quiere una vida de oración ilimitada, dialogue acerca de un tema ilimitado: Dios.

Yo, en verdad, he sido bendecido con una esposa hermosa y dos hijos maravillosos. De vez en cuando, alguien los halaga. Cuando eso sucede, no me ruborizo y digo: "Gracias". Estoy completamente de acuerdo con ellos. En efecto, comienzo a contarles historias para reafirmar que mi esposa y mis hijos son tan maravillosos como ellos creen. No lo hago para alimentar mi ego o porque me guste alardear; lo hago porque los amo tanto que no puedo evitarlo. Hablaré acerca de ellos cada vez que surja la oportunidad.

Lo mismo debería hacer usted en cuando a su relación con Dios y la oración. Debería ser capaz de hablar horas acerca de Él. Cuando usted considera todo lo que Él ha hecho por su persona, debería ser capaz de seguir y seguir. En el Salmo 143:5 David dijo: "Me acordé de los días antiguos; meditaba en todas tus obras; reflexionaba en las obras de tus manos". No es alardeo; *es amor*. Si quiere desarrollar una vida de oración realmente grandiosa, hable menos acerca de sí mismo y más de Él. Puede pasar horas pensando en todo lo que ha hecho por usted.

Lo cierto es que nada verdaderamente
emocionante podrá comenzar, hasta
que haya orado.

Cuando haya pasado un tiempo hablando acerca de lo que
es Dios, podrá comenzar a hablar en cuanto a todo lo que Él
ha hecho. ¿Se ha sentado alguna vez ante una mesa con la
familia y los amigos para compartir historias entre ustedes?
"¿Recuerda la vez que…?" y "Oh, ¿y qué hay de cuando…?"
Recorrer esos caminos de la memoria lo ayuda a tener en
mente cuán valiosas han sido sus relaciones con sus seres
queridos, en qué se ayudaron unos a otros y cómo han estado
uno junto al otro en las buenas y en las malas.

Si aplica esas mismas verdades a sus conversaciones con
Dios, experimentará algunos de los momentos más significa-
tivos y poderosos que pueda tener con Él. Cuando usted dice:
"Padre, te doy gracias…" y comienza a llenar los espacios
con todo lo que Dios ha hecho, pronto se dará cuenta de que
los desafíos a los que se enfrenta hoy no son nada para el
Dios que ya ha hecho tanto por usted.

Luego de haber cubierto esos dos temas, su oración ya
puede apuntar a otra gran cuestión: las necesidades de los
demás. Eso se llama *intercesión*. Es cuando se presenta a Dios
tratando un tema que puede no involucrarle a usted en absoluto. Cuando usted toma tiempo para orar por los demás,
Dios encuentra tiempo para bendecirle a usted.

> Si quiere una vida de oración ilimitada,
> dialogue acerca de un tema ilimitado:
> Dios.

Por ejemplo, lea los siguientes dos pasajes en particular de las Escrituras. El Salmo 122:6 dice: "Pedid por la paz de Jerusalén; sean prosperados los que te aman". Este salmo ofrece instrucciones para interceder por un lugar en particular: la ciudad de Dios, la Ciudad Santa de Jerusalén. Note que este mandamiento tiene una bendición: "sean prosperados los que te aman". El texto confirma muy claramente que cuando uno ora e intercede por ese lugar en particular, obtiene la bendición de la prosperidad. Se preguntará cómo opera eso.

Para ser perfectamente sincero, no estoy ni cerca de saber *cómo*, pero estoy convencido de que funciona. Lo he visto funcionar una y otra vez en la vida de aquellos que lo ponen en práctica con fidelidad.

El año pasado fuimos bendecidos con la celebración del quincuagésimo aniversario del ministerio, a tiempo completo, de mi padre. En el transcurso del fin de semana lo honraron por muchos logros. El domingo en la mañana expresó sus pensamientos y reflexiones a su congregación en un sermón muy sentido y lleno de significado. Agradeció a los miembros de nuestra iglesia que habían servido de manera fiel por muchos años. Habló del favor de Dios a su vida y a su ministerio y del hecho de que todavía no había terminado. Luego compartió con nosotros uno de los muchos secretos de su éxito. Dijo: "Creo que Dios me ha sido fiel, porque yo siempre apoyé a la nación de Israel".

Cuando dijo eso, al instante me vino a la mente el Salmo

122:6. Puedo dar testimonio de la verdad de este versículo al observar la vida de mi padre y la de otros que lo han puesto en práctica.

Otro pasaje que ilustra la intercesión es 1 Timoteo 2:1-2, en el que se nos instruye que hagamos "rogativas, oraciones, peticiones y acciones de gracias, por todos los hombres". La lista comienza con los reyes y se extiende a todos aquellos que son autoridades, con la promesa de esta bendición: "Para que vivamos quieta y reposadamente en toda piedad y honestidad".

Reflexione en el profundo impacto que haría a su vida si tomara tiempo para orar de forma que Dios bendijera a cada autoridad. Incluya a todos aquellos en cada nivel de gobierno como, por ejemplo: al presidente, al alcalde, al consejero representativo de su ciudad, a los maestros y administradores de la escuela de sus hijos, a su pastor y a su jefe en el trabajo. Todas esas personas necesitan su oración. Todos ellos toman decisiones que tienen que ver con su vida. Usted puede evitar algunas dificultades en la vida si es fiel a la intercesión por ellos.

Cuando toma tiempo para orar por los demás, Dios encuentra tiempo para bendecirle a usted.

La lista de aquellos por los que ora puede ser tan amplia y profunda como lo desee. El punto es este: Al agregar más y más nombres a la lista, comienza a darse cuenta de que hay muchas personas que realmente pueden ser de beneficio a *su vida* si solo se tomara el tiempo de interceder por ellos a través de la oración.

Cuanto más hable con Dios, más éxito tendrá en cada área de su vida. Cuanto más éxito tenga, más se dará cuenta de que la oración es el idioma más poderoso que hay sobre la faz de la tierra.

La adoración es nuestra declaración de dependencia y ruego de alianza con el Cordero.

MATTHEW HAGEE

10

Su adoración le libera

En el siglo veinte, el mundo se ha visto dos veces envuelto en guerras. La lucha por el poder y el dominio estremeció a las naciones más grandes de la tierra en tanto sus hijos se sacrificaban en los campos de batalla, lo que hoy mencionamos con tono de reverencia y casi en voz baja, recordando su valentía. En lo particular, siempre me gustó la historia y disfruté leer hasta los detalles más pequeños acerca de los sucesos principales para poder descubrir algún tesoro enterrado de aquellos días.

Uno de esos relatos data de los temibles días de la Primera Guerra Mundial. La miseria de la guerra de trincheras había afectado mucho tanto a las fuerzas aliadas como a Alemania, su enemigo, y se estaba logrando muy poco en las mortíferas batallas que mandaban a miles a la muerte. La verdad es que eso no parece ser el ambiente adecuado para tales relatos, pero desde el campo de batalla de Belleau Wood nos llega una historia bélica que seguramente nunca olvidará.

Se acercaba la Navidad y ambos lados del campo de batalla estaban exhaustos y hartos de pelear. Mientras la oscuridad de la noche cubría el cielo y los hombres se agachaban bajo sus montículos de protección, un suave sonido rompió el silencio de la noche.

Un soldado alemán comenzó a cantar en voz baja una melodía que les recordaba a todos los que la oían un mundo muy alejado del infierno de la guerra a la que se enfrentaban. Era una canción que hablaba de una noche silenciosa fuera de la ciudad de Belén en las colinas de Judea, donde los ángeles veían a una virgen dar a luz.

Mientras seguía cantando ese famoso himno, se le unieron otros, aunque no fueron sus camaradas que estaban a su lado. Era la voz de uno de sus enemigos sentado del lado opuesto. Poco después, otro soldado se unió al canto, y luego otro, hasta que el aire de aquella noche se llenó de un coro de voces de comandos que ya no estaban divididos por sus ideales, por el combate ni por las órdenes, sino unidos por la paz celestial.

Esa mañana de Navidad, los soldados alemanes y británicos se encontraron en el medio del campo de batalla para un armisticio espontáneo que se acordó, no después de intensas horas de negociación en términos diplomáticos, sino luego de una canción de adoración al Príncipe de la paz, entonada desde los corazones de aquellos que estaban buscando lo que solo la presencia de Él puede brindar.

Aun en medio del horror de la guerra, la alabanza lo liberará y reconfortará como ninguna otra cosa puede hacerlo.

LA ADORACIÓN ES ORACIÓN HECHA MÚSICA

Hay una progresión muy natural desde la oración hasta la adoración. La oración es más acerca de quién es y qué ha hecho Dios, y menos acerca de uno mismo; y en la medida en que más se enfoque uno en Él cuando ora, la vida de oración se hará más profunda y cobrará mayor sentido. La adoración no es más que los pensamientos de la vida de oración hechos música.

¿Sabía usted que Dios es un amante de la música? La música está tan cerca de su corazón que en este mismo instante un coro de ángeles está cantándole alabanzas en su trono celestial. Él no solo disfruta mucho de la música del cielo, sino que también se mueve de su lugar para involucrarse en nuestra alabanza aquí en la tierra. Los salmos dicen que el Señor habita en las alabanzas de su pueblo.

Cuando escucha a sus hijos en la tierra entonar canciones acerca de Él, literalmente abandona su recinto real y aparece en nuestra morada. Las Escrituras lo describen de esta manera: "Pero tú eres santo, tú que habitas entre las alabanzas de Israel" (Salmos 22:3). Cuando usted adora al Señor, edifica una recámara real para que Él resida en ella y el mayor beneficio de esa habitación real es que usted también podrá habitarla.

La adoración no es solo el inicio o apertura de un servicio eclesiástico o algo que esté reservado para un momento o lugar en particular. Se puede adorar a Dios en cualquier lugar y en cualquier momento. La adoración es la canción que puede liberarlo. Es la única música que llevará la presencia de Dios mismo a la situación que está viviendo usted. Cuando se puede entonar una canción que haga que Dios aparezca, esa mi amigo, es una gran canción. Es una melodía sólida e inamovible como una roca.

PERSONAL, PODEROSA, NO OPCIONAL

Hay algunas cosas que debe saber acerca de la adoración. Primero, *la adoración es personal*. A muchas personas les cuesta entender eso por su contexto de adoración. La mayoría relaciona la adoración con los servicios de iglesia modernos que se hacen todos los domingos. Comprenden la adoración como cantar himnos dirigidos por un individuo que es acompañado por músicos y muchas veces un grupo de cantantes o un coro completo. Debido a los grandes esfuerzos de producción que ven las personas en la adoración hoy, muchos sienten que no es posible adorar a menos que haya alguien que los guíe y una orquesta que los acompañe. Están completamente equivocados.

Se dé cuenta o no, cada vez que participa de un acto de adoración, usted lo hace porque tomó la decisión —como individuo— de alabar al Señor. Nadie le forzó a hacerlo; decidió participar particularmente. El líder de la alabanza, los músicos, los cantantes y la atmósfera pueden haberle alentado, *pero no lo forzaron*.

Veo esto casi todos los domingos cuando dirijo la adoración en la Iglesia Cornerstone. Hay miles de personas en cada servicio y, en efecto, la mayoría participa con entusiasmo. Pero siempre hay uno o dos que se paran de brazos cruzados y con una mirada en el rostro, como diciendo: "¡Yo no voy a hacerlo y tú no me puede obligar!" Tienen toda la razón; no pueden ser forzados a adorar. No es una actividad grupal; la adoración es una decisión personal. Elige hacerlo o no.

En la Biblia se habla a veces de la adoración como *sacrificio de alabanza*. La naturaleza del sacrificio es personal, el sacrificio que usted hace no me cubre a mí ni el mío a usted. Cada uno de nosotros decide sacrificarse como individuo para que las bendiciones de Dios se vuelvan una realidad en nuestras vidas. Esto es tan verdadero ahora como lo era en los tiempos del Antiguo Testamento.

La adoración no es solo el inicio o apertura de un servicio eclesiástico o algo que está reservado para un momento o lugar en particular. La adoración puede realizarse en cualquier lugar y en cualquier momento.

En el Antiguo Testamento, muchas personas podían haber participado en el mismo servicio bajo el liderazgo del mismo sacerdote, pero estaban allí como individuos para ofrecerle su sacrificio al Señor. Si usted llevaba su cordero para que lo pusieran sobre el altar, nadie más podía reclamar ninguna parte del mismo. Era suyo y solo suyo. Si otra persona iba a llevar algo para ofrecérselo al Señor, era mejor que llevara su propio cordero, porque no había tal cosa como la propiedad comunitaria. Se requería el sacrificio y para que sirviera debía ser personal.

Lo mismo sucede con el sacrifico de la alabanza. Podemos estar en el mismo servicio bajo el liderazgo del mismo pastor, pero si he de recibir una bendición de Dios, tengo que ofrecer mi corazón en adoración a Él. Y si usted va a recibir una bendición, será mejor que haga lo mismo y por su cuenta.

Ahora, recuerde que Dios requiere sacrificio. Muchas veces he sostenido conversaciones con personas que se mantienen firmes en que no serán instruidos y en que no se les diga cómo adorar. A muchos de ellos les digo que no es a mí a quien están adorando, de modo que discutir conmigo es una pérdida de tiempo. No me debe una explicación a mí, ya que su alabanza no es acerca de la observación de ninguna regla hecha por el hombre en la tierra, es acerca de la perspectiva de Dios en el cielo.

Por lo general, la gente que encuentra difícil adorar a Dios es espiritualmente inmadura. Son como mi hijo cuando se sienta a la mesa para comer. Hay niños que comen para vivir y otros que viven para comer. Desde que nació, mi hijo John William, cabe en la segunda categoría.

A sus dos años, no se sienta a la mesa ni alaba y agradece a sus padres por la comida que han preparado y le ofrecen. Más bien, se abalanza cual huracán sobre su plato como si estuviera siendo evaluado en una competencia de tiempo. De vez en cuando hay pedidos por más o un dedo apuntando, o un gruñido si parece que quiere o necesita algo. Luego llega a un punto en que se saca su babero y dice: "¡Terminé!"

Ni piense en un agradecimiento ni en un: "¿Ayudo a limpiar?" o siquiera una conversación como: "¿Qué tal tu día?", ¿Por qué? Porque a su edad es demasiado joven para comprender la fuente u origen de sus bendiciones.

Al ir creciendo y madurando, se esperarán estándares diferentes en cuanto a sus modales en la mesa; incluyendo los que reflejen más aprecio por lo que se requiere para que él tenga esa comida. Sin embargo, a los dos años de edad, estoy dispuesto a ser paciente y a esperar a que madure. Para ser honesto, incluso pienso que es algo tierno. Pero cuando llegue a los veintidós años, es mejor que todo eso cambie.

Mi intención no es recordarle qué se siente al comer con un niño pequeño, sino decirle que hay algunos hijos de Dios que lo tratan a Él de la misma manera. Son demasiado inmaduros como para tomarse el tiempo para comprender de dónde provienen sus bendiciones y, en su inmadurez, nunca se detienen lo suficiente para dar las gracias. No aprovechan la oportunidad de adorar al Señor por lo que Él ha hecho. ¡Eso no debería ser así!

La Biblia nos cuenta que el Señor es paciente; es más, en Romanos 15:5, Pablo lo llama "el Dios de la paciencia". Pero llega un punto en la vida de cada persona en el que Dios nos pide que maduremos, que reconozcamos quién es Él y le ofrezcamos la alabanza que merece.

Dios es su proveedor, su protector y la fuente de todo lo bueno y perfecto que hay en su vida. Negarse a adorarlo es inaceptable. Él merece gloria cuando sale el sol y alabanza cuando la luna brilla por la noche. Sin Él, su próximo respiro no sería posible. Él hizo que todo haya sido posible para usted. Entonces, créame, Él merece su sacrificio personal de alabanza y su canción de adoración.

La adoración no solo es una decisión personal, también es *una decisión poderosa*. A lo largo de las páginas de la Palabra de Dios, puede hallar ejemplo tras ejemplo de cuando la adoración cumplió un rol crucial en cierta victoria de suma importancia.

El rey Josafat (2 Crónicas 20) es superado en número y abrumado. Una gran cantidad de ejércitos marchan en su contra y su propósito es aniquilarlo por completo. Josafat, en un esfuerzo por ser un gran monarca y tomar una gran decisión, se conecta a través de la oración con su fuente de grandeza: Dios.

La gente que cree que es difícil adorar a
Dios es espiritualmente inmadura.

Durante este momento de diálogo, Dios le dice al rey: "No temáis ni os amedrentéis delante de esta multitud tan grande, porque no es vuestra la guerra, sino de Dios" (2 Crónicas 20:15). Al seguir leyendo este capítulo, descubrirá que Josafat designó personas para que le cantaran al Señor y marcharan delante de su ejército. La canción no era tan larga, pero era muy vigorosa: "Glorificad a Jehová, porque su misericordia es para siempre" (v. 21).

Con esa frase de adoración, Dios les puso a los enemigos de Israel una emboscada tras otra, las Escrituras informan que "ninguno había escapado" (v. 24). La adoración había traído una victoria total. Eso es poderoso.

Antes de dejar este ejemplo, creo que es importante tener en cuenta todas las partes de esta ecuación que han dado tan buenos resultados. Primero, Josafat, rey de Israel, se enfrentaba a un problema serio. En vez de reaccionar, "Josafat humilló su rostro para consultar a Jehová" (v. 3). La traducción Hagee de la Biblia dice que no se iba a levantar de sus rodillas hasta obtener su respuesta. Me gusta el hecho de que cuando necesitó una respuesta para traer estabilidad a su temblorosa vida, miró a la fuente de donde en verdad podía encontrar estabilidad: Dios mismo. ¡Qué gran líder!

Una vez que el monarca recibió la respuesta, basó en ella su acción. El profeta Jahaziel le dijo al rey: "No es vuestra la guerra, sino de Dios" (v. 15). Josafat respondió haciendo lo único que pudo hacer para traer la presencia de Dios a la tierra: adorar. Recuerde, el Señor habita en "la alabanza de Israel" (Salmos 22:3, NVI).

Es perfectamente sensato, si esta es la guerra de Dios, que se haga a un lado y deje que Él la luche. Con esa voluntad de depositar su confianza en Dios, Josafat no solo triunfó sobre aquellos que lo atacaban, sino que además le tomó tres días llevar a casa el botín de la guerra (2 Crónicas 20:25). A eso se le llama *una verdadera victoria*.

Me gusta cómo termina la historia. Hicieron un concierto de dos días en honor a Dios, que les había dado la victoria. El primer día, se reunieron en el valle en donde había ocurrido la batalla y las Escrituras cuentan que "allí bendijeron a Jehová" (v. 26). Luego, con Josafat al frente, regresaron a Jerusalén cargando instrumentos de cuerda y trompetas hasta la casa del Señor para seguir celebrando lo que Dios había hecho. No solo recibieron la victoria, sino que también fueron liberados de aquellos que intentaban oprimirlos, incrementaron sus recursos materiales por su obediencia a Dios y dieron un ejemplo a los demás que se encuentran abrumados por las circunstancias que parecen estar fuera de control.

La adoración no solo les dio la victoria en la batalla, sino que también fue lo que produjo el final de la pelea. El Salmo 34:1 declara: "Bendeciré a Jehová en todo tiempo", antes, durante y después de que haya terminado la batalla.

Ahora, más que nunca, muchas personas están afrontando una gran cantidad de problemas, como le sucedió a Josafat. Si la adoración le resultó a él, a usted también le dará resultados. No importa en qué circunstancias se encuentre, no importa cuáles sean los problemas que se amontonen en su contra, el poder de la adoración le hará salir triunfante de esa situación.

La adoración no sólo le dará una victoria, sino que también le liberará. Observe el caso del apóstol Pablo y su compañero de ministerio, Silas. Se encontraban encerrados en la celda más oscura de una prisión romana, golpeados, esposados y encadenados. Ese no es el momento exacto en el que uno pensaría que estarían de buen humor como para cantar; sin embargo, Hechos 16:25 declara: "Pero a medianoche, orando

Pablo y Silas, cantaban himnos a Dios; y los presos los oían". No habían permitido que los hechos drásticos y devastadores del día cambiaran su actitud en cuanto a quién era Dios y lo que había hecho por ellos.

> Dios es su proveedor, su protector y la fuente de todo lo bueno y perfecto en su vida. Negarse a adorarlo es inaceptable. Él merece gloria cuando sale el sol y alabanza cuando la luna brilla por la noche.

¿El resultado? La tierra comenzó a temblar y los cimientos de la prisión empezaron a retumbar al tiempo que dos de los hijos de Dios pasaron de ser prisioneros a libres. Se lo aseguro, la adoración es poderosa. La adoración derrotará a sus enemigos, le dará la victoria total y le liberará de todo tipo de restricción.

Todavía hay algunos que escuchan testimonios como este y piensan: "Bueno, no tengo ganas de hacerlo". La adoración no es cuestión de ganas; es *cuestión de hacerla*. Usted decide adorar o no adorar. La adoración no tiene nada que ver con las ganas. Sus circunstancias aquí en la tierra pueden cambiar de un momento a otro, pero en el cielo nada cambia.

El mismo Dios al que adoró cuando sintió ganas de alabar y cuando todo estaba bien sigue estando en su trono ahora mismo, y todavía es digno de su alabanza, tenga o no ganas de hacerlo. Muy seguido permitimos que las circunstancias que nos rodean nos dicten nuestro comportamiento en lugar de permitir que el comportamiento correcto dicte nuestras circunstancias.

Si va a disfrutar del éxito a pesar de la lucha, entonces va a tener que decidir hacer de la oración parte de su vida diaria. La oración es personal y poderosa, *no es opcional*.

La Biblia afirma: "Todo lo que respira alabe a JAH" (Salmos 150:6). Mientras inhale y exhale, se espera que usted adore al Señor. Me gusta cómo lo declara el Salmo 115:7: "No alabarán los muertos a JAH". El punto es que si encuentra difícil adorar al Señor, necesita chequear su pulso. Puede estar vivo físicamente, pero espiritualmente muerto.

Una de las razones por las cuales la adoración es tan poderosa es el hecho de que les recuerda a sus enemigos que todavía está vivo y coleando. Es un testimonio de que a pesar de su intento de silenciarlo, todavía tiene una canción que cantar. En vez de desalentarlo, no han hecho más que darle otra razón para regocijarse. Si siente que su vida es como una zona de guerra, una canción de adoración puede crear una repentina sensación de paz. Si busca dirección para el camino incierto que tiene por delante, el poder de la alabanza puede guiarle a la victoria. Hay momentos en los que la adoración cambia la situación y la prueba que afronta, y hay instantes en que puede no alterar ni un poco el escenario, pero cambiará su perspectiva y le permitirá ver la situación desde un punto completamente diferente.

El salmista hizo esta pregunta:

> ¿Por qué te abates, oh alma mía, y te turbas dentro de mí? Espera en Dios; porque aún he de alabarle, salvación mía y Dios mío.
>
> —Salmos 42:5

No hay duda de que el escritor del Salmo 42 estaba experimentando una serie de circunstancias inquietantes que le causaban dificultades. Sus palabras expresan la pesada pena emocional que hundía su alma al punto de quedar apesadumbrada o, en español moderno, perturbada. Incluso iré un paso más allá y diré que el autor de este salmo estaba comenzando a quejarse.

¿No es esa nuestra tendencia natural cuando nos encontramos perturbados emocionalmente? Comenzamos a hacer una lista de todas las cosas que no están sucediendo como deseamos, y empezamos a llenar el aire con cómo nos merecemos algo mucho mejor. Me gusta la forma en que el versículo capta la lucha interior con esta pregunta: "Ser, ¿por qué te estás comportando de esta manera? ¿Cuál es el valor de tu larga lista de quejas? Ya hemos estado aquí y cada vez que hemos estado en este punto, hemos puesto nuestra esperanza en Dios y comenzamos a entonarle a Él una canción de alabanza".

El salmista se da un buen consejo a sí mismo al decir: "Espera en Dios" (v.5).

Vea el resultado del cambio en el comportamiento: "Aún he de alabarle, salvación mía y Dios mío". Este versículo en otros idiomas dice, literalmente: "Le alabaré por la ayuda de su faz". Faz es sinónimo de rostro, la imagen que vemos es la del rostro de Dios mirando hacia quien está cantando su alabanza. Es como si de todos los sonidos que llenan los cielos, hubiera uno que hace que todo se detenga y Dios preste atención.

La adoración no es cuestión de ganas;
es *cuestión de hecho.*

Uno de los nombres de Dios en la Biblia es *Jehová Jireh,* que literalmente se traduce como "el Dios que provee". Abraham llamó *Jehová Jireh* al Señor el día que Dios le brindó el carnero del matorral para sacrificarlo en lugar de su hijo Isaac. Cuando Abraham tuvo una verdadera necesidad, el Dios que pudo ver la necesidad también le brindó la respuesta. De aquí es que proviene la palabra *provisión.* Cuando la descomponemos, notamos que su raíz es la visión. El mensaje es que antes de que pueda satisfacer la necesidad, usted debe verla.

¿Cómo se aplica esto al tema de la alabanza y a los salmos? Cuando uno alaba al Señor por la ayuda que le da y Él torna su rostro hacia nosotros, de pronto puede ver todo lo que está sucediendo en nuestras vidas, por lo que comienza a abastecer nuestras necesidades de una manera sobrenatural.

Piénselo de esta manera: cuando usted pasa una verdadera necesidad y busca respuestas, puede llenar el ámbito con quejas y terminar despotricando, quedarse sin aliento y seguir estando en problemas, o puede llenar el ambiente con una canción de alabanza y recibir toda la atención del Señor Dios, que en verdad puede hacer algo en cuanto al problema que afronta.

Cuanto más entienda el poder de la alabanza, más estará en sus labios.

En gran manera me gozaré en Jehová, mi alma se alegrará en mi Dios; porque me vistió con vestiduras de salvación, me rodeó de manto de justicia, como a novio me atavió, y como a novia adornada con sus joyas.

ISAÍAS 61:10

EL GOZO: LA DECISIÓN DE LA GRANDEZA

El poder de elegir

El vuelo de Tel Aviv a Nueva York nunca es corto y este prometía ser especialmente largo. Allí, atiborrados en medio del pasillo del fondo —en la sección de entrenamiento— estaban sentados papá y mamá, esperando resistir su viaje a casa para reunirse con sus hijos luego de una jornada agotadora.

Mi madre nunca fue una gran amante de los aviones y no veía con bueno ojos este vuelo en particular. Mientras trataba de ponerse cómoda, como si eso fuera posible durante onces horas en el aire, el hombre sentado a su lado trató de iniciar una conversación.

"Hola, me llamo Sol, ¿y usted?"

"¿Va a comer eso?"

"¿Le importa si enciendo mi luz y leo un poco?"

Al final, mi madre le echó una mirada, cambiaron los asientos para que ella pudiera descansar y papá pudiera conocer al hombre sentado al lado de ella. Sol le preguntó a mamá si podía tomar el yogur que ella no había podido tomar debido al mareo por el vuelo y, al extender su brazo para agarrarlo, se pudo ver un tatuaje que los nazis le habían hecho hacía años.

La historia de ese hombre cambiaría para siempre la perspectiva de mi padre. Durante las siguientes onces horas, Sol Weinglas le contó a papá relatos de su niñez en algunas de las circunstancias más impresionantes que se pueda imaginar. Cuando era pequeño, en Polonia, Sol era uno de los ocho niños de la casa de los Weinglas. Para el momento en el que ya era un muchacho, estalló la Segunda Guerra Mundial, solo sobrevivieron él y otro hermano más.

Sol no escatimó palabras cuando describió la manera en que los nazis comenzaron de inmediato a utilizar la comida como arma cuando se apoderaron de Polonia. Si alguien quería comer debía obtener su ración de ellos. Una vez que chequeaban sus documentos, podían identificar si era judío o no. A partir de ahí, aislaban a los hebreos en vecindarios que comenzaron a llamar guetos.

La noche que los judíos eran reunidos y arrojados a un barrio aislado —personas que la noche anterior habían dormido en camas grandes con sábanas de satén—, de repente se encontraban acostados en un piso raro rodeados de desconocidos, esperando que mañana, de alguna forma, fuera mejor que el horror de hoy. En un mundo que estaba cambiando de un momento a otro y girando fuera de control, las prioridades de la vida cambiaron instantáneamente.

Ya no importaba la riqueza de la familia; ahora simplemente se enfocaban en sobrevivir como familia. A muchos, en especial a los más ancianos, el impacto de eso les costó la vida. No podían soportar los cambios instantáneos y brutales del mundo en el que se encontraban. Cuando alguien moría, los nazis hacían que los dejaran en las calles, donde eran recogidos y descartados.

Las condiciones del gueto hacían de cada

comida algo preciado. La gente hacía cualquier cosa por comida. Sol describió cómo se sentaba junto a otros y hablaban de la mejor comida que habían ingerido. Imaginaban dónde comerían esa noche en sus sueños y qué les servirían en la cena de fantasía que inventaban sus mentes.

Algunos se desesperaban tanto que comían pasto en un esfuerzo por no morir de hambre, solo para que las hojas hicieran huecos en sus estómagos, lo que hacía que se enfermaran y murieran. A medida que la guerra avanzaba y se hacía más cruel, los nazis se desesperaban cada vez más. Al final llegaron al gueto de Sol, agruparon a todas las familias, las pusieron en un tren y las enviaron a un lugar llamado Auschwitz.

Cuando el tren se detuvo, luego de horas de estar parados hombro contra hombro sin comida, agua ni servicios sanitarios, los bajaron de los vagones y los dividieron en dos filas. Allí, un hombre con un tapado blanco, conocido luego como el doctor Josef Mengele, evaluaba a aquellos que eran los suficientemente fuertes para trabajar y a los que no lo eran. Una vez que los prisioneros judíos entendieron lo que estaba sucediendo, las mujeres optaron por pincharse los dedos y pellizcarse las mejillas en un intento por crear la impresión de que tenían color y salud para convencer a ese monstruo con traje de médico de que tenían fuerzas para vivir. En esa fila fue que Sol vio a su madre, a su padre y a todos, menos uno de sus hermanos por última vez.

Sol pasó de una penuria a otra. Prosiguió con su historia contándole a mi padre acerca de su liberación del campo de la muerte y su servicio luchando en la guerra por la independencia de Israel. Estaba en las callas de Tel Aviv la mañana en la que nació el país. Mientras vivía en Israel, entró a una escuela para aprender el arte de cortar diamantes y el negocio de comerciar con ellos.

Luego se mudó a Nueva York y abrió una joyería muy exitosa en medio de Manhattan, en la calle cuarenta y siete. Desde el día de ese encuentro hasta que murió llevó una vida siempre llena de alegría, y cada vez que mi padre lo veía o le hablaba tenía una sonrisa en el rostro.

Al tiempo de haberse conocido, mi padre sintió que tenía que preguntarle: "Sol, ¿por qué no estás ni siquiera un poco amargado después de todo lo que has pasado?".

Su respuesta fue poderosa y uno de los consejos más sanos y firmes que escuché en mi vida. Le dijo a mi padre: "A causa de las libertades que perdí siendo niño y con todo el horror que el Holocausto me produjo, la única cosa que era mía y solo mía, cada minuto de cada hora de cada día, era la libertad de elegir mi actitud. Físicamente, los nazis podían hacer lo que quisieran conmigo, pero no podían decirme cómo responder emocionalmente. Y a pesar de la pesadilla que viví, decido vivir con una actitud de gozo".

Por elegir el gozo, Sol Weinglas tuvo una vida llena de compasión milagrosa y genuina por los demás y de amor por la humanidad, aunque tenía todos los motivos y excusas para comportarse de una manera completamente diferente. Fuera bueno o malo lo que sucediera, él siempre decía: "Uno nunca pierde la habilidad de elegir su actitud".

Sol fue un hombre lleno de gozo hasta el día de su muerte.

DEJE QUE EL GOZO LLEVE LA CARGA

El mundo en el que vivimos es realmente un lugar formidable. Hay una lista interminable de problemas y situaciones que pueden aquejarnos tanto que en verdad parezca imposible ser feliz. En efecto, los expertos dicen: "Se estima que, al año, el veintiséis punto dos por ciento de los estadounidenses de dieciocho años en adelante —casi un adulto de cada cuatro personas— sufre un desorden mental diagnosticado". Un número bastante alto.

Las dudas, la depresión, el desaliento y la desesperación son las cuatro D que parecen impactar y afectar nuestras vidas día a día. Mientras que mucha gente ve que en el mundo suceden cosas buenas, otros muchos dudan si a ellos les sucederá alguna de esas. Los lentes oscuros de la depresión parecen empañar la imagen que tienen de la vida. A pesar de todas las cosas maravillosas que tenemos para disfrutar, muchos se desalientan por lo que no tienen e incluso sienten que no tienen capacidad para cambiar eso, de modo que viven en una desesperación relativa.

¿Por qué toda esa tristeza? Porque decidimos estar deprimidos y desalentados.

El gozo es una decisión que se toma. No lo trae una circunstancia ni lo crea una oportunidad. El gozo es resultado de una decisión que se toma diariamente y que impacta su vida por completo. Es su actitud lo que le hará vivir con gozo.

He visto personas que tienen todos los placeres que la vida puede darles. Son saludables, tienen riquezas, recursos, una gran familia y muchos amigos y, aun así, se sienten tan tristes como el sabueso de *Hee Haw*. Luego están aquellos que pasan por circunstancias mucho más desesperantes y sin embargo están de lo más felices y contentos con su vida. ¿Por qué? Porque el gozo no es producto de un ambiente; es algo que uno elige o rechaza. El hecho es que depende de usted.

Hay una gran cantidad de motivos por los que puede elegir el gozo. Puede sentirlo con respecto a su propósito en la vida. El apóstol Pablo escribió que terminaría su carrera con gozo (Hechos 20:24). Él sabía que su propósito era difundir el evangelio y las nuevas de Cristo y de su Espíritu Santo, por lo que estaba determinado a hacerlo con un corazón alegre.

Este tipo de determinación fue lo que le permitió resistir todas las penurias que la vida había puesto en su camino.

Pablo sabía más acerca del peligro y la pestilencia que diez hombres juntos, y aun así dijo: "Pues tengo por cierto que las aflicciones del tiempo presente no son comparables con la gloria venidera que en nosotros ha de manifestarse" (Romanos 8:18).

El punto que exponía Pablo era este: Está por venir un día mejor. Es muy probable que hoy uno deba soportar dolores de corazón y otros reveses, pero hay que seguir viendo la promesa de mañana. Lo que Pablo soportó era suficiente para hacer que otros diez abandonaran pero, con su corazón lleno de gozo, siguió adelante y logró su propósito con pasión y alegría.

Así como Dios tenía un propósito para Pablo, también tiene otro para usted. Él es soberano y lo sabe todo y, en efecto, tiene un plan divino para su vida. La mayor tragedia en la vida no es morir, sino *vivir sin conocer su propósito*. El propósito es lo que le brinda un sentimiento de satisfacción. En Eclesiastés 6:3-6 Salomón escribió que "un niño que nace muerto" es mejor que el hombre que vive una vida descontenta. La satisfacción proviene de un logro y este es producto de un propósito.

En Colosenses 1:16 se nos dice que Dios creó todas las cosas y les dio un propósito. El cumplir la voluntad de Dios y conocer su propósito, en realidad, no es un misterio. La gente muchas veces intenta hacer que eso sea más difícil de lo que es en verdad. La voluntad de Dios comienza con su Palabra escrita. Cuando uno está haciendo lo que su Palabra escrita le dice, entonces el recordatorio de su propósito parece caer en su lugar.

El gozo no es producto de un ambiente;
es algo que uno elige o rechaza.

Entonces, ¿por dónde debería comenzar a mirar en cuanto a los que Dios le pide? Me gustan las palabras que utilizó Cristo cuando dijo: "Amarás al Señor tu Dios con todo tu corazón, y con toda tu alma, y con todas tus fuerzas, y con toda tu mente; y a tu prójimo como a ti mismo" (Lucas 10:27).

Si puede cumplir ese mandamiento —poner a Dios por sobre todas las cosas y a los demás por encima de usted—, hallará la alegría del propósito de Dios para su vida. Una vez que comience a cumplir el propósito divino, las áreas agobiantes de su vida se han de volver livianas. Los desafíos no desaparecerán; simplemente se hacen soportables puesto que ya no se combinan con la confusión de por qué usted está aquí y qué es lo que Dios, que está en el cielo, quiere que logre. Entonces los desafíos se convierten en oportunidades para que usted florezca en medio de ellas, ya que tiene el gozo y la satisfacción del propósito para ver más allá.

EL VERDADERO PODER DEL GOZO

Una vez que comience a conocer el gozo del propósito divino en su vida, verá que el mismo también está lleno del poder de Dios. Observe la vida de Elías. Dios tenía un propósito específico con ese profeta y cada vez que Dios le decía que se moviera, obedecía e iba a donde Dios lo enviaba para encontrar el poder divino que lo esperaba allí.

Cuando Dios lo envío al arroyo de Querit, el poder de

Dios lo alimentó de manera sobrenatural con los cuervos que le traían la comida (1 Reyes 17:1-7). Cuando lo envió a la casa de la viuda, el poder de Dios lo encontró allí (1 Reyes 17:8-24). Cuando escaló el monte Carmelo, Dios hizo llover fuego sobre su sacrificio (1 Reyes 18:20-40). El poder de Dios nunca falla y logra sus propósitos en la vida de sus hijos.

Jesucristo les dio un propósito a sus discípulos: "Id por todo el mundo y predicad el evangelio a toda criatura" (Marcos 16:15). Luego los envió a un lugar específico, pero les dio poder. "Pero recibiréis poder, cuando haya venido sobre vosotros el Espíritu Santo" (Hechos 1:8). Dios, en verdad, tiene un propósito especial para su vida y quiere llenarlo con el poder que necesita para concretarlo. El primer paso que debe dar es decidir hacer su propósito de manera gozosa.

El gozo no es solo una decisión que puede encontrarse en su propósito, sino una elección que yace en la rectitud y la justicia. Una de las razones por las que nuestro pueblo vive deprimido y triste es porque tomamos decisiones patéticas y penosas. La vida es producto de las decisiones. Si tomamos decisiones rectas y justas, cosechamos recompensas rectas y justas que producen gozo.

Piense en el tan conocido hijo pródigo, que tomó una cantidad de decisiones muy malas, que le quitaron el gozo de su vida. Cuanto más se alejaba de la casa de su padre, más miserable y angustiado se sentía. El día en que decidió regresar a la casa de su padre, el gozo resurgió en su vida. Llevar una vida correcta le devolvió la alegría.

Hay mucha gente que está llevando una vida deprimida a causa de las malas decisiones que toman. Su perspectiva confusa en cuanto al libre albedrío y la independencia los ha hecho prisioneros de una existencia que odian, pero el gozo puede liberarlos si están dispuestos a tomar decisiones basadas en los mandamientos de Dios.

EL GOZO DE LA RESPONSABILIDAD

Hay gozo en la responsabilidad. Esta se encuentra cuando uno sabe que es necesario para otras personas que cuenta con nosotros. Hace poco, mi esposa y yo decidimos que era tiempo de que Hannah, nuestra hija de cuatro años, tomara la responsabilidad de darle de comer a nuestro perro labrador. Es una tarea que para mí perdió su alegría hace mucho tiempo. La veo como una cosa más en mi lista de quehaceres diarios. Pero cuando le enseñamos a nuestra hija dónde estaba la comida, cómo llenar el tazón y cambiar el agua, nunca pensamos que la haríamos la reina del día. Ella se levanta temprano esperando darle de comer al perro. Cuando llego a casa en la tarde, ella quiere saber si puede alimentar al perro en ese instante. Ahora, nuestro perro necesita hacer dieta ya que mi hija disfruta mucho de su trabajo.

Si puede cumplir ese mandamiento —poner a Dios por sobre todas las cosas y a los demás por encima de usted—, hallará la alegría del propósito de Dios con su vida.

Dios nos diseñó para que disfrutemos de la responsabilidad. Vea la vida de Jacob, que aparece en el Antiguo Testamento. Pasó la mayor parte de su vida frustrado, atemorizado y corriendo. Le robó el derecho a su hermano y corrió a casa del tío Labán. Quería casarse con Raquel, la hija de Labán, pero en lugar de eso lo engañaron para que se casara con Lea, su hermana (véase Génesis 29). Una semana después Jacob también recibió a Raquel, pero nunca confrontó a su tío embustero por "la carnada y el engaño". Al contrario, eligió pasar los siguientes siete años frustrado, trabajando para pagarle a Labán por la mujer que amaba.

Luego su tío lo engañó en cuanto a su sueldo. Otra vez, en lugar de confrontarlo, Jacob huyó.

Sin embargo, ahora tiene un problema diferente. Está aterrado porque en su escape corre hacia su hermano, Esaú.

Jacob no encontró la verdadera felicidad hasta que Dios lo confrontó en una lucha que duró toda la noche, cuando le "tocó" su cintura (Génesis 32:22-30). A la mañana siguiente Jacob ya no podía correr más: estaba renco. Pero lo que impactó a Jacob no fue el cambio físico. Fue el hecho de que al fin tuvo que asumir la responsabilidad de lo que era él luego que Dios hizo que se aceptara a sí mismo. Fue entonces y sólo entonces que Jacob experimentó verdadero gozo.

Su perspectiva confusa en cuanto al libre albedrío y la independencia los ha hecho prisioneros de una existencia que odian, pero el gozo puede liberarlos si están dispuestos a tomar decisiones basadas en los mandamientos de Dios.

La alegría trae salud. La Biblia afirma: "El corazón alegre constituye buen remedio" (Proverbios 17:22). La ciencia de la medicina moderna demuestra que uno en verdad puede liberar enzimas que estimulan el sistema inmunológico y promueven la buena salud cuando nos reímos. Vivir con alegría es una gran decisión.

El mundo la busca. Elija ser un ente en el que se la pueda hallar. Permita que su casa sea una *embajada de gozo*. Cuando uno viaja a cualquier parte del mundo, encuentra una embajada que representa a los Estados Unidos de América. En ella, las leyes, las costumbres y la autoridad de Estados Unidos tienen un efecto total. Por ejemplo, cuando es 4 de julio y los estadounidenses están celebrando su independencia en su patria, la embajada de los Estados Unidos en África, a pesar de estar al otro lado del mundo, también celebra esa fecha.

El tercer jueves de noviembre, toda embajada de los Estados Unidos en cualquier parte del mundo celebra el Día de Acción de Gracias, no importa dónde esté ubicada. Todos los veinticinco de diciembre, hay un árbol decorado y se intercambian regalos de Navidad. No importa cuán lejos o cerca se esté, en el suelo de esas embajadas se experimenta la vida como se la vive y se la aprecia en los Estados Unidos de Norteamérica.

De la misma manera, usted debería ser una embajada del gozo del Señor, sin importar cuáles sean las circunstancias del mundo que lo rodea. La gente debería ver un aura en su vida que no esté determinada por las situaciones o el mundo exterior, sino por la soberana presencia de Dios en usted. Cuando la gente vea ese tipo de cualidad en usted, no importa cuán hostil se vuelva el mundo, sabrán que pueden encontrar un refugio de gozo en usted.

El gozo es un arma

El gozo es un arma; aprenda a utilizarla bien. El Salmo 149:5-6 declara:

> Regocíjense los santos por su gloria,
> Y canten aun sobre sus camas.
> Exalten a Dios con sus gargantas, Y espadas de dos filos en sus manos.

Hay un conflicto muy real en el que usted y yo estamos involucrados todos los días. Es una pelea por nuestro futuro. Es una lucha por nuestro éxito. Es una batalla por nuestros hogares, nuestras familias e hijos, y el gozo es una de las armas más impactantes que podemos llevar con nosotros día a día. El gozo le recuerda al mundo que no importa cuánto se esfuerce, no podrá derrotarnos ni destruirnos. El gozo declara que uno no puede ser conquistado y que la palabra *abandonar* no existe en nuestro vocabulario. El gozo es su declaración de que es independiente de la duda, del desaliento y de la desesperación.

El gozo es una decisión que lo mantendrá firme en medio de los momentos desesperantes. En verdad es una de las fuerzas más inquebrantables que hay en la tierra.

Estén alegres. No piensen en los fracasos de hoy, sino en el éxito que podría llegar mañana. Se han propuesto una tarea difícil pero, si perseveran, lo lograrán y encontrarán gozo al vencer los obstáculos. Recuerden que jamás perdemos el esfuerzo que hacemos por lograr algo hermoso.

HELEN KELLER

Su legado, lo único que podrá dejarles

¿Cómo llegué hasta aquí?

Fallaría si no incluyera en esta obra una cita de Helen Keller. Es que después de todo, a lo largo de mi niñez, su ejemplo parecía perseguirme cada vez que le decía a mi padre que era imposible la tarea que tenía por delante. De todos los sermones que ha predicado él en su vida, los de mayor unción son los que nos predicaba a sus hijos, a puertas cerradas, en su esfuerzo por persuadirnos de que podríamos vencer al mundo. Usaba ejemplos como el de Helen Keller, y una larga lista de otros más para ilustrar lo que se podía conseguir si uno estaba dispuesto a seguir esforzándose y no bajar los brazos.

La terrible realidad actual es que por mucho que detestaba yo esas ilustraciones, hoy me encuentro contándole a mi hija la historia de la joven Keller cada vez que ella se siente urgida a rendirse. Y eso es porque el coraje para seguir adelante no nació conmigo. Me lo inculcó mi padre, que a su vez recibió ese mismo regalo de bendición de sus propios padres, a quienes mis bisabuelos les enseñaron lo mismo. Podría decirse que forma parte de nuestro legado.

De generación en generación parece que mi familia ha tenido siempre el enorme deseo de dejar como herencia esa voluntad de seguir adelante, de hacer todo el esfuerzo posible por cumplir lo que Dios le dio a cada uno de los miembros de la familia para que hiciera.

Todo empezó con el primero de los de mi familia que llegó a los Estados Unidos, cien años antes de que se firmara la Declaración de la Independencia. Venía de Alemania con los holandeses moravos, y le movía la intención de predicar el evangelio en el Nuevo Mundo. Su nombre era John Hagee y el barco en que cruzó el Atlántico se llamaba *Spirit*. Desde que ese antepasado mío murió, ha habido cuarenta y ocho miembros de mi familia que dedicaron sus vidas al ministerio evangélico a tiempo completo. Yo soy el número cuarenta y nueve.

Mi tatarabuelo John Christopher Hagee, en su lecho de muerte, le pidió al Señor que hiciera germinar su semilla para predicar el evangelio a las naciones del mundo. A lo largo de mi vida, y a través del ministerio de mi padre, esa oración está teniendo su respuesta puesto que por la potente voz de la televisión el programa diario de Ministerios John Hagee se transmite a doscientas cuarenta y tres naciones y territorios en todo el mundo.

No es una ironía. Se trata de un legado. El mismo nombre del ministerio que hoy extiende sus brazos alrededor del planeta es el nombre de quienes nos precedieron. ¿Es coincidencia? Para nada. ¿Destino? No, es más que eso. Es el plan y el propósito de Dios cumplido por generaciones consecutivas de una familia que se niega a olvidar su legado.

SÉ POR QUÉ ESTOY AQUÍ

Jamás me he preguntado por qué estoy aquí en la tierra. He sentido, desde el principio de mi vida, el propósito del ministerio en mí. Soy subproducto de generaciones que han respondido al llamado y vivido con el fin de ganar perdidos para Cristo, por lo que considero que es un gran honor contarme entre ellos.

Oro porque Dios me conceda la sabiduría, la fuerza y el valor para correr la carrera que tengo delante con tanta valentía como la tuvieron ellos. El legado es algo muy poderoso. Puede hacer que extienda sus límites más allá de lo que algunos llamarían razonable, y cree en uno el sentido de la urgencia y la motivación justo cuando otros se contentan con descansar y estar a gusto. El legado de la persona sobrevive a cualquier riqueza que pueda dejarse como herencia, y deja su impronta en las generaciones siguientes, con una identidad que les guiará a sus destinos.

Ha llegado el momento de que esta generación tome en cuenta su legado y decida qué tipo de herencia queremos dejar para el mañana. ¿Cómo queremos que nos recuerde el mundo? ¿Seremos la generación que logró unir? ¿O la que permitió que todo se derrumbara? ¿Estamos dispuestos a responder las preguntas difíciles y enfrentar la verdad? ¿O nos cegaremos, ignorando los hechos para seguir andando a tientas, buscando respuestas vacías en lugar de encontrar soluciones reales? No podemos evitar los problemas difíciles de nuestros días y creer que si logramos camuflar nuestra cobardía durante bastante tiempo, las cosas se arreglarán solas. Tenemos que dejar de hablar sobre el cambio para empezar a efectuarlo.

Es una farsa fingir que nuestros hijos podrán resolver lo que nosotros no supimos llevar a delante. No es razonable creer que podrán vencer nada si no les hemos dado un ejemplo para que lo sigan. Sin un legado que les inspire, aliente y guíe a hacer cosas más grandes que las que hayamos logrado nosotros, fracasarán.

Hace poco se publicó un estudio que describía de qué manera se había beneficiado cada generación a partir de la anterior, en términos de una mejor calidad de vida. Lo lamentable es que al final del estudio se pronosticaba que la próxima generación de estadounidenses no tendrá la misma calidad de vida que la que hoy disfrutamos nosotros. Esos hallazgos prueban que no importa cómo viva uno su vida, siempre dejará algún legado. Es ineludible y el legado que dejemos hará su impacto, para mejorar o empeorar a los que nos sucedan.

Su legado es un asunto privado, pero también público. Tendrá que decidir quién quiere ser, cómo se comportará y qué tipo de legado dejará.

No hay quien ilustre esto mejor que Josué. Un breve estudio de las páginas del libro de Josué, en el Antiguo Testamento, nos sumerge en un océano de lecciones que serán de beneficio para quien las aprenda. Pero hay tres que quiero extraer en particular de la vida de Josué, y que le mostrarán cómo dejar un legado que sirva a los que vengan después de usted.

NO SE PUEDE IGNORAR EL DESAFÍO

Con más frecuencia de lo que me gusta, veo que el método preferido para resolver conflictos es fingir que el problema no existe. Desde los primeros relatos de su vida, Josué nos muestra la manera exacta de vencer un problema difícil. Cada vez que los hijos de Israel enfrentaban un desafío, ¿quién estaba allí? ¡Josué!

> El legado de la persona sobrevive a
> cualquier riqueza que pueda dejarse
> como herencia, y deja su impronta en
> las generaciones siguientes, con una
> identidad que les guiará a sus destinos.

Josué estaba al frente de las tropas en todas las batallas. Cuando había una misión por cumplir, era él quien se presentaba como voluntario para la aventura. Cuando había que responder preguntas difíciles, era Josué quien ofrecía consejo. ¿Por qué? No porque fuera muy brillante, elocuente o estelar, sino porque casi siempre era el que tenía la disposición para estar en el lugar donde había que hacer lo correcto, sin miedo.

No es difícil saber qué es lo correcto. Lo que sí cuesta es hacerlo. Eso lo vemos cuando Josué les anuncia a los hijos de Israel, lo que él y Caleb espiaron en la tierra con los demás enviados de Moisés al otro lado del río (véase Números 13). Diez de los espías volvieron y dijeron: "De nada servirá. Somos pequeños y ellos son gigantes. Si crees que tenemos oportunidad de ganar ¡estás loco!". (Es solo una paráfrasis, claro. Pero usted entiende. Los muchachos estaban desalentados y solo querían ignorar el desafío que tenían por delante.)

No fue así con Josué. Él y Caleb dijeron: "Subamos luego, y tomemos posesión de ella; porque más podremos nosotros que ellos" (Números 13:30).

No hacía falta hablar de los riesgos. Josué y Caleb sabían que los gigantes de Canaán vivían en tierras que Dios había apartado para los hijos de Israel. Así que afirmaron: "Es nuestra. Vayamos a tomarla". Josué no ignoró la realidad de los gigantes, pero tampoco tenía miedo de enfrentarla. Lo que aprecio en Josué y su compañero Caleb es que no exageraban el problema como lo habían hecho los otros espías.

Veamos el testimonio de los diez espías: "Éramos nosotros, a nuestro parecer, como langostas" (v. 33). Vamos, vamos. En mi vida he oído muchas historias exageradas, ya que vivo en Texas. Pero ¡esta se lleva el premio! Una langosta no mide más que unos dos o tres centímetros, y un hombre, al menos un metro y medio. Si los gigantes hacían que un hombre de un metro y medio se viera como una langosta, eso quería decir que medían unos nueve metros de alto. No creo que los problemas de los espías fueran tan grandes.

Hoy enfrentamos desafíos que quedarán sin resolver si pensamos como esos espías. ¿Son grandes los problemas? ¡Seguro que sí! ¿Tan grandes como para que no podamos vencerlos? No lo creo. Observemos el pasado de nuestra nación y veremos algunos de los enormes desafíos que, como pueblo, hemos vencido. En la breve historia de esta gran nación hemos vencido y logrado más que cualquier otro pueblo. Hemos conquistado a muchos de nuestros gigantes. Tenemos un legado asombroso.

Hoy, cada uno de nosotros enfrenta en este mundo una cantidad de desafíos y problemas. Hay enormes dificultades económicas, políticas y espirituales. Podemos elegir si haremos caso omiso de los gigantes o si, con ayuda de Dios, los enfrentaremos creyendo que el Dios que jamás nos ha fallado no nos fallará ahora.

Si hacemos caso omiso de los problemas de hoy, solo estaremos complicándolos para el día de mañana. Tenemos que buscar dentro de nosotros mismos y decidir que aunque hay una lucha por delante, Dios nos ha diseñado para vencer. Y al hacerlo, estaremos construyendo un legado que inspirará a nuestros hijos a tener el valor de hacer lo mismo.

No quejarse de hoy, porque manchará el mañana

La Biblia registra que más adelante, habiendo servido Josué a su generación y cuando ya estaba cerca del final, llegó a una encrucijada. Josué sabía que muchos estaban tomando decisiones que tendrían efecto en ellos no solo como individuos, sino como nación de Israel en conjunto, y que eso les traería sufrimiento. Así que se puso ante la nación y declaró: "Pero si a ustedes les parece mal servir al Señor, elijan ustedes mismos a quiénes van a servir: a los dioses que sirvieron sus antepasados al otro lado del río Éufrates, o a los dioses de los amorreos, en cuya tierra ustedes ahora habitan. Por mi parte, mi familia y yo serviremos al Señor" (Josué 24:15).

Los hijos de Israel se quejaban siempre de las mismas cosas. Se comparaban con otras naciones y pensaban que estarían mejor si pudieran renunciar a su identidad como pueblo escogido por Dios, y ser como todos los demás. Es claro que Josué les dijo que tenían libertad para elegir como quisieran y sufrir las consecuencias de su decisión. Pero dijo: "Por mi parte, mi familia y yo serviremos al Señor". Josué y su familia habían decidido dejar un legado correcto.

Esa actitud de compararse y quejarse pareciera que también se pasa de generación a generación porque, unos libros más adelante, en 1 Samuel, leemos que los hijos de Israel habían vuelto a hacerlo. Veían que todas las naciones vecinas tenían reyes terrenales que les gobernaban. A pesar del hecho de que el Rey de Israel no era otro que el mismo Dios, en vez de servirle con humildad, querían ser como todos los demás y tener un monarca a quien pudieran tocar, como el que tenían las demás naciones.

¿Dónde habrían aprendido tal conducta? La respuesta es que ¡formaba parte de su legado! Se había transmitido de generación en generación y cuando les llegó a ellos el turno de quejarse, no iban a perder la oportunidad.

En los Estados Unidos hemos dominado el arte de la queja durante ya muchísimo tiempo. Nos quejamos por todo: por el tráfico en las calles, por el servicio que recibimos en los restaurantes, por el liderazgo de las autoridades públicas, por la atmósfera en la iglesia, por las fallas de nuestro sistema educativo, y podría seguir con la lista durante páginas y páginas. Quisiera que me escuchara: hay muchas cosas que mejorarían si les prestáramos atención. Pero con quejarse, no estará ni un paso más cerca de resolverlas. No hable de lo que tendría que hacer. Comience a hacerlo.

Si necesita nuevo liderazgo en su ciudad, encuentre a la persona adecuada y elíjala para el puesto. Si necesita mejorar algo en las escuelas, no se queje del sistema. Vaya a las reuniones de la asociación de padres y maestros y sea parte de la solución. Si busca mejorar las cosas en su iglesia, llame a la puerta de su pastor y dígale un par de asuntos que ve que están bien y luego hágale saber que usted está allí para ayudar y servir. Créame, ese tipo de conversación hará mucho por todos.

Cuando uno decide que puede formar parte de la respuesta en vez de solo sumarse al interminable resonar de las quejas y la retórica que tanto espacio ocupan, comienza a construir un legado de progreso y mejoras; eso es mejor que legarles a sus hijos la actitud de buscar defectos en todo y fingir que con sus quejas tienen derecho a vivir mejor.

No olvide de dónde viene

Las dos ilustraciones de la vida de Josué demuestran que los hijos de Israel habían olvidado de dónde venían y todo lo que Dios había hecho por ellos. Pensemos en los milagros de la mano de Dios, que habían visto en muy poco tiempo.

Milagrosamente habían salido de Egipto, como resultado de diez magnificentes y horrendas plagas; ellos vieron cómo Dios puso de rodillas a la nación más poderosa de la tierra.

Vieron partirse el Mar Rojo para que pudieran pasar, y luego las aguas cerrándose sobre el faraón.

Una nube les dio sombra durante el día y el fuego de la gloria de Dios les calentaba por las noches.

Comieron el maná que Dios les enviaba cada mañana, y bebieron el agua que brotó de la roca. También vieron la potente mano de Dios defendiéndoles en la batalla.

La lista es interminable, prácticamente. Pero lo que quiero destacar es que olvidaron lo que Dios había hecho por ellos y decidieron apartarse de todo lo bueno que Él tenía para sus vidas, solo porque no podían ver más allá del conflicto y los problemas del momento. Esa no es la forma de dejar un legado.

No hable de lo que tendría que hacer.
Comience a hacerlo.

¿Será culpable usted de lo mismo? Piense en todas las bendiciones divinas que ha visto que Dios derramó sobre esta nación. Vea cómo nos ha preservado, cómo nos ha dado poder para estar aquí en este momento de la historia y en un instante como este. ¿Hará caso omiso de cada una de las acciones de la divina providencia con nuestra nación, alejándose así de la oportunidad que tiene delante? ¿O tiene coraje para al menos intentar ver si Dios le ayudará a lograr algo grande?

Las decisiones que tome determinarán el tipo de legado que dejará, la herencia que recibirán sus hijos, y los hijos de sus hijos. ¿Qué dirán de usted, con el tiempo? El impacto de una persona nunca se siente enseguida, por grande o terriblemente mala que haya sido. Solo la historia cuenta el relato completo de quién fue usted y todo lo que no llegó a ser.

¿Será recordado por su legado valiente de autosacrificio? ¿O le llamarán codicioso e irresponsable? ¿Hará oídos sordos, cerrando los ojos para ignorar las señales y fingir, en lugar de enfrentar la realidad?

La decisión que tomemos dirá qué etiqueta llevará nuestro nombre. El peligro de no hacer nada es que estaremos nivelando hacia abajo, creando para nuestros hijos un mundo en que nuestros nietos ni siquiera podrán saber lo buena que podría haber sido la vida.

Podemos ver eso en la vida de Roboán, hijo de Salomón y nieto de David. Su legado era del tipo que cualquier monarca habría querido, incluso al punto de dar la vida por ello. Su padre fue el hombre más sabio y rico de la tierra; su abuelo había matado a un gigante, y era un hombre según el corazón de Dios. Con tal linaje, esperaríamos que Roboán hubiese logrado grandes cosas. Sin embargo no fue así.

Por las descripciones de la sala del trono de Salomón y del templo que construyó para Dios, eran obras maestras, majestuosas, difíciles de describir. Valían miles de millones en oro, mármol, piedras preciosas y madera. Cada cosa que había en los salones era símbolo del favor de Dios sobre la casa de David y los hijos de Israel. El rey que ocupaba el trono de Salomón en la ciudad de David tenía una herencia que parecía imbatible.

Pero Roboán fue un monarca que prefirió jugar a fingir, en lugar de enfrentar la realidad. Sabía que Israel tenía problemas de adoración a ídolos y sabía que esa adoración a los ídolos era un tema que apartaba el favor de Dios del pueblo. Estaba al tanto de que el castigo por tal conducta era la maldición, y no la bendición pero, por conveniencia, fingió que realmente no importaba.

En vez de ocuparse del problema, lo ignoró. Por eso Dios permitió que sus enemigos entraran en la casa de su padre y en el templo, y que se llevaran todo el oro, el mármol y las piedras preciosas. Lo perdió todo en un día (véase 1 Reyes 14:21-30). Entre esos preciosos artículos había doscientos escudos de oro macizo que la guardia real utilizaba para formar un pasillo desde la sala del trono del palacio hasta el templo, cuando el rey Salomón iba allí a orar. Era un espectáculo magnífico, y los historiadores han expresado que cuando Salomón entraba en el templo y el sol de Oriente se reflejaba en los escudos, parecía que los brazos del mismo Dios se extendían para dar la bienvenida al rey que entraba en la casa del Señor. Sin duda, tiene que haber sido una de las cosas más impresionantes que haya visto el mundo.

En vez de tomar medidas para recuperar lo que le correspondía por derecho, Roboán decidió tomar un camino alterno y más fácil. Ordenó que se hicieran doscientos escudos de bronce, para reemplazar aquellos que sus enemigos habían robado. ¡Qué tragedia! Estos escudos se utilizaban del mismo modo en que se habían empleado los invalorables y preciosos originales de oro, pero no brillaban tanto y su valor no podía compararse con los de Salomón.

El hecho de que fueran de menor calidad les recordaba a todos que ahora los preciosos escudos estarían adornando los muros de alguien más. Y cada vez que Roboán entraba en el templo, el sol se reflejaba en los opacos y oscuros escudos de bronce, por lo que la gente recordaba que ya nada era tan magnificente como antes.

Ese recordatorio permanente de la pérdida y fracaso de la nación, debe haber causado gran desaliento. El legado de la nación también se veía rebajado. Preste atención al peligro real de esta historia, como recordatorio para quienes la leemos hoy. Si un israelita de los días de Salomón había visto los escudos de oro, podía recordar la gloria de los viejos tiempos. Pero para quienes nacieron en la nación de Israel después de que se hubieran robado los escudos, el tesoro era desconocido. Porque para ellos, los escudos siempre habían sido de bronce. Sus parámetros ya no eran tan elevados como los de sus padres ya que no podían compararlos con nada. Lo único que habían visto era el bronce.

Esa es la cuestión. Si nuestra generación permite que se rebajen los parámetros, nuestros hijos jamás sabrán lo buena que puede ser la vida. Si nos permitimos renunciar a nuestra libertad, en pos de lo políticamente correcto, nuestros hijos jamás conocerán el gozo de ella. Si nos negamos a defender el parámetro de la verdad en nuestras iglesias ¿qué fundamento para el futuro tendrán quienes vengan detrás de nosotros? Si permitimos que el matrimonio sea menos de lo que Dios decidió que fuera en el libro de Génesis, ¿qué dirá la historia de nuestro legado? Le garantizo que no será el parámetro de oro, sino algo mucho menos valioso.

Le recomiendo que pague el precio de mantener los parámetros en alto, por difícil que sea la tarea. No será el camino más fácil y, por supuesto, habrá sacrificios. Pero si tenemos coraje y lo hacemos, seremos honrados por siempre por haber decidido con valentía.

Si nuestra generación permite que se rebajen los parámetros, nuestros hijos jamás sabrán lo buena que puede ser la vida.

Hará falta mucho valor para volver a poner a Dios en la vida de los estadounidenses como pueblo y como nación. Requerirá de un nivel de sacrificio como pocos podrían saberlo. Pero si estamos dispuestos a pagar el precio hoy, estaremos asegurando la esperanza del mañana y nuestro legado.

Hará falta una enorme cantidad de fe y fortaleza para restablecer los principios de la confianza y la fe en nuestra generación, pero la recompensa será un mundo donde nuestros hijos podrán darse el lujo de vivir, y no un lugar que atenta contra su supervivencia.

Hará falta un extraordinario nivel de lealtad e integridad para admitir todo lo que francamente tenemos que confrontar y cambiar en nuestro mundo, pero si no lo intentamos siquiera, ¿quién lo hará? Si este es el precio que hay que pagar para dejar un gran legado, entonces pongamos voluntad, para perseverar hasta que lo hayamos pagado.

Le aseguro solemnemente:

> Por el bien de nuestros preciosos hijos, y nuestro sagrado e histórico pasado, haré mi parte hasta mi último aliento. Guiaré mi vida y las de quienes Dios me dé bajo mi influencia, por el camino de la grandeza que se encuentra solamente en Él, para que el resto

de nuestro viaje en esta tierra, juntos, quede marcado por el éxito a pesar de las dificultades, y por la victoria ante la lucha. Que todos nos esforcemos por entregar incluso la vida para que quienes nos sucedan tengan el mejor de los ejemplos a seguir y nos consideren fieles.

Si está dispuesto a responder a este llamado junto conmigo, el legado que dejaremos será el que defendió lo suyo, ante un mundo que estaba derribado, pero que se negó a ser destruido.

Pastor Matthew Hagee

Matthew Hagee funge como pastor ejecutivo de la Iglesia Cornerstone de San Antonio, Texas, que cuenta con veinte mil miembros. Allí ministra junto a su padre y pastor fundador, John Hagee, a las necesidades del cuerpo de la iglesia. Además, difunden el evangelio al mundo entero y a todas las generaciones a través de la televisión mundial.

El 4 de octubre de 2003, Matthew contrajo matrimonio con Kendal Elizabeth Young. Juntos ministran para equipar a la iglesia del mañana con el fin de vivir la vida victoriosa del creyente. Han sido bendecidos con dos hijos: Hannah Rose Hagee, que nació el 16 de abril de 2005, y John William Hagee, nacido el 31 de enero de 2007. Esperan su tercer hijo para este otoño.

A medida que crece su familia y también su ministerio, Matthew y Kendal buscan cumplir el llamado de Dios a sus vidas con la pasión y el propósito que solo puede surgir del poder de la tradición familiar y la unción de Dios en sus vidas.

NOTAS

Capítulo 1
Reconéctese con su diseño original
1.   Como lo citó Glenn Van Ekeren, The Speaker's Sourcebook (Upper Saddle River, NJ: Prentice Hall, 1994).

Capítulo 2
Las prioridades le llevarán adonde quiere llegar
1.   ThinkExist.com, "William Arthur Ward Quotes", http://thinkexist.com/quotation/four_steps_to_achievement-plan_purposefully/329811.html (consultado el 22 de abril, 2009).

2.   Jack Canfield and Mark Victor Hansen, Sopa de pollo para el alma (Deerfi eld Beach, FL: Health Communications, 1995), 236–237.

3.   Telford Word, Unmarried America (Glendale, CA: Barna Research Group, Ltd., 1993), 22.

Capítulo 3
Tome una decision y ¡siga por ese camino!
1.   ThinkExist.com, "Robert H. Schuller Quotes", http://thinkexist.com/quotation/goals_are_not_only_absolutely_ necessary_to/339279.html (consultado el 23 de abril, 2009).

Capítulo 4
Pague el precio de la perseverancia
1.   QuoteGarden.com, "Quotations About Perseverance", http://www.quotegarden.com/perseverance.html (consultado el 24 de abril, 2009).

2.   Baylor University, "Michael Johnson Profile", http://baylorbears.cstv.com/sports/c-track/mtt/johnson_ michael00.html (consultado el 24 de abril, 2009).

3.   David Woods, "David Neville Leaves It All on the Track", Indystar.com, August 22, 2008, http://www.indystar. com/apps/pbcs.dll/article?AID=/20080822/SPORTS11/808220480 (consultado el 19 de marzo, 2009).

Capítulo 5
Emana confianza, la actitud con potencial
1.   ThinkExist.com, "William Hazlitt Quotes", http://thinkexist.com/quotation/as_is_our_ confidence-so_is_our_ capacity/227455.html (consultado el 24 de abril, 2009).

2.   BrainyQuote.com, "Thomas A. Edison Quotes", http://www.brainyquote.com/quotes/authors/t/thomas_a_ edison.html (consultado el 24 de abril, 2009).

Capítulo 7
Que le identifiquen por su integridad
1. TheQuotationsPage.com, "Classic Quotes", http://www.quotationspage.com/quote/29055.html (consultado el 27 de abril, 2009).
2. The Churchill Centre, "Speeches and Quotes", http://www.winstonchurchill.org/i4a/pages/index.cfm?pageid=388#Poison (consultado el 27 de abril, 2009).

Capítulo 8
Lealtad: la cualidad que define su carácter
1. QuoteDB.com, "Martin Luther King Jr. Quotes", http://www.quotedb.com/quotes/49 (consultado el 27 de abril, 2009).
2. The Stamford Historical Society, "Portrait of a Family: Stamford Through the Legacy of the Davenports", http://www.stamfordhistory.org/dav_abraham1.htm (consultado el 15 de mayo, 2009).

Capítulo 9
La oración, el idioma del poder
1. Oswald Chambers, En pos de lo supremo, s.v. August 28.

Capítulo 10
Su adoración le libera
1. Kennedy Hickman, "World War I: The Christmas Truce of 1914", About.com: Military History, http://militaryhistory.about.com/od/worldwari/p/xmastruce.htm (consultado el 14 de abril, 2009).

Capítulo 11
El gozo: la decisión de la grandeza
1. "Aushwitz Alphabet: Doctors", http://www.spectacle.org/695/doctors.html (consultado el 14 de abril, 2009).
2. "The Numbers Count: Mental Disorders in America," National Institute of Mental Health, http://www.nimh.nih.gov/health/publications/the-numbers-count-mental-disorders-in-america/index.shtml (consultado el 15 de abril, 2009).

Capítulo 12
Su legado, lo único que podrá dejarles
1. Helen Keller, en The Book of Positive Quotations [El libro de citas positivas] by John Cook et al., (Minneapolis, MN: Fairview Press, 2007), 642.
2. Pew Research Center, "Americans See Less Progress on Their Ladder of Life," September 14, 2006, http://pewresearch.org/pubs/319/americans-see-less-progress-on-their-ladder-of-life (consultado el 15 de abril, 2009).